U0516451

中國佛教典籍選刊

華嚴金師子章校釋

〔唐〕法藏著
方立天校釋

圖書在版編目(CIP)數據

華嚴金師子章校釋/(唐)法藏著;方立天校釋. —北京:中華書局,1983.9(2023.10 重印)
(中國佛教典籍選刊)
ISBN 978-7-101-00053-5

Ⅰ.華… Ⅱ.①法…②方… Ⅲ.①宗教經典-佛教-中國-唐代②華嚴金師子章-注釋 Ⅳ.B942.1

中國版本圖書館 CIP 數據核字(2004)第 102654 號

責任印製:管 斌

中國佛教典籍選刊
華嚴金師子章校釋
〔唐〕法 藏 著
方立天 校釋
*
中 華 書 局 出 版 發 行
(北京市豐臺區太平橋西里 38 號 100073)
http://www.zhbc.com.cn
E-mail:zhbc@zhbc.com.cn
三河市航遠印刷有限公司印刷
*
850×1168 毫米 1/32 · 7¾印張 · 3 插頁 · 141 千字
1983 年 9 月第 1 版 2023 年 10 月第 11 次印刷
印數:30401-31300 册 定價:32.00 元

ISBN 978-7-101-00053-5

法藏繪像

中國佛教典籍選刊編輯緣起

佛教是世界三大宗教之一，約自東漢明帝時開始傳入中國，但在當時並没有産生多大影響。到魏晉南北朝時期，佛教和玄學結合起來，有了廣泛而深入的傳播。隋唐時期，中國佛教走上了獨立發展的道路，形成了衆多的宗派，在社會、政治、文化等許多方面特别是哲學思想領域産生了深刻的影響。這時佛教已經中國化，完全具備了中國自己的特點。而且，隨着印度佛教的衰落，中國成了當時世界佛教的中心。宋以後，隨着理學的興起，佛教被宣布爲異端而逐漸走向衰微。但是，佛教的部分理論同時也被理學所吸收，構成了理學思想體系中的有機組成部分。直到近代，佛教的思想影響還在某些著名思想家的身上時有表現。總之，研究中國歷史和哲學史，特别是魏晉南北朝隋唐時期的哲學史，佛教是一項重要内容。佛學作爲一種宗教哲學，在人類的理論思維的歷史上留下了豐富的經驗教訓。因此，應當重視佛學的研究。

佛教典籍有其獨特的術語概念以及細密繁瑣的思辨邏輯，研讀時要克服一些特殊的困難，不少人視爲畏途。解放以後，由於國家出版社基本上没有開展佛教典籍的整理出版工作，因此，對於系統地開展佛學研究來説，急需解決基本資料缺乏的問題。目前對佛學有較深研究的專家、學者，不少人年事已高，如果不抓緊組織他們整理和注釋佛教典籍，將來再開展這項工作就會遇到更多困難，也不利於中青年研究工作者的成長。爲此，我們在廣泛徵求各方面意見的基礎上，初步擬訂了中國佛教典籍選刊（第一輯）的整理出版計劃。其中，有幾部重要的佛教史籍，有中國佛教幾個主要宗派（天台宗、三論宗、唯識宗、華嚴宗、禪宗）的代表性著作，也有少數與中國佛學淵源關係較深的佛教譯籍。所有項目都要選擇較好的版本作爲底本，經過校勘和標點，整理出一個便於研讀的定本。對於其中的佛教哲學著作，還要在此基礎上，充分吸取現有研究成果，寫出深入淺出、簡明扼要的注釋來。

由於整理注釋中國佛教典籍困難較多，我們又缺乏經驗，因此，懇切希望能够得到各方面的大力支持和協助，使這項工作得以順利完成。

中華書局編輯部

一九八二年六月

附：中國佛教典籍選刊（第一輯）擬目

弘明集（校點）　（梁）僧祐

廣弘明集（校點）　（唐）道宣

出三藏記集（校點）　（梁）僧祐

高僧傳（校點）　（梁）慧皎

續高僧傳（校點）　（唐）道宣
宋高僧傳（校點）　（宋）贊寧
法苑珠林（校點）　（唐）道世
中論（校點、注釋）　（後秦）鳩摩羅什譯
肇論（校點、注釋）　（晉）僧肇
大乘起信論（校點、注釋）　（梁）真諦譯
大乘止觀法門（校點、注釋）　（陳）慧思
童蒙止觀（校點、注釋）　（隋）智顗
三論玄義（校點、注釋）　（隋）吉藏
成唯識論（校點、注釋）　（唐）玄奘譯
因明入正理論疏（校點）　（唐）窺基
華嚴一乘教義分齊章（校點、注釋）　（唐）法藏
華嚴金師子章（校點、注釋）　（唐）法藏
華嚴原人論（校點、注釋）　（唐）宗密
禪源諸詮集都序（校點、注釋）　（唐）宗密
壇經（校點、注釋）　（唐）慧能

五燈會元（校點）　（宋）普濟

古尊宿語錄（校點）　（宋）賾藏主

目録

前言

佛教自漢代傳入中國以後，對我國社會發生過廣泛而深刻的影響，在我國古代宗教、哲學、文學和藝術等發展史上都佔有重要的地位。汗牛充棟的佛教典籍，尤其是中國高僧的佛學著作是我國古籍的重要組成部分。整理、研究和出版中國佛教的重要典籍，是中國哲學史、宗教史、文學史等有關學科的專業工作者的迫切需要。華嚴金師子章，係唐代華嚴宗的實際創始人法藏爲女皇武則天宣講華嚴義理的記録整理稿，是華嚴宗的代表作之一，是華嚴宗佛教哲學思想的基本綱要。我希望這本華嚴金師子章校釋能對中國哲學史和中國佛教思想史的研究起到參考資料的作用。

中華書局哲學編輯室組織有關人員，有計劃地對重要佛教典籍進行點校或校釋，這在解放以來還是第一次。本書的即將問世，從一個側面説明了我們國家對整理古籍的高度重視。古籍的系統整理是繁榮我們中華民族文化的重要標誌之一。作爲一個中國哲學史和佛教思想史的專業工作者，積極參加整理工作，是一項應盡的職責。

這一校釋本是凝聚同行們集體智慧的果實，是崇高的集體主義精神和風格得到有效發揚的産物。一九八一年九月底，中華書局曾召開專門會議，邀請北京有關教授、專家和學者審議本書的初稿，會上大家發表了許多重要的意見和積極的建議。一些年老有病或因事不能出席會議的同志還送來了書面意見。光明日報也對此次會議作了報導。嗣後在修改的過程中，中國人民大學石峻教授和中央民族學院蘇晉仁教授看過了本書全部改稿，提出了寶貴的意見，中國社會科學院哲學研究所張春波、李曦同志對本書的體例提出很好的建議，山東大學蔣維崧教授還熱情爲本書題寫書簽。所有這一切都是對我個人的巨大鼓勵和有力支持，並對本書的順利出版起了重大的作用。謹向同志們表示衷心的謝意。

整理佛教典籍是一項艱巨的科學工作，難度很大，加以本人才力和學識有限，書中的錯誤和不妥之處一定不少，敬請讀者隨時予以批評、指正。

方立天

一九八二年六月於北京中國人民大學哲學系

華嚴金師子章評述

一、法藏的生平和金師子章的成書

法藏，生於唐太宗貞觀十七年（公元六四三年），卒於唐玄宗先天元年（公元七一二年），終年七十㈠。原籍西域康居（今蘇聯烏茲別克共和國撒馬爾罕一帶）㈡。法藏的祖先曾累代相承爲康居國丞相，祖父遷來長安（今西安市）定居，父親被贈爲左侍中。據史載，法藏十七歲時從雲華寺華嚴大師智儼學習華嚴經一類經典，前後九年，並在二十七歲時出家㈢。後來成爲唐代重要的佛經翻譯者、著名的佛教理論家、我國佛教華嚴宗的實際創始人，被尊爲華嚴宗的三祖。法藏也是書法家㈣，又是對中、

㈠ 全唐文卷九一四謂賢首法藏「開元二年卒，年七十八」，顯係誤載，法藏去世時秘書少監閻朝隱撰大唐大薦福寺故大德康藏法師之碑，碑文記法藏「先天元年歲次壬子十一月十四日，終於西京大薦福寺，春秋七十。」

㈡ 全唐文卷九一四：「法藏字賢首，俗姓諸葛氏，蘇州吴縣人。一云姓康氏，康居人。」前説也係誤載，賢首法藏正因原籍康居，故世又稱康藏法師、康藏國師。全唐文係與淨域寺法藏相混淆也。

㈢ 法藏出家的年歲，史載不一，一説十七歲出家，一説二十八歲出家。

㈣ 法藏致新羅法師義湘書，其書法受到後人極高的評價，書信的真蹟被譽爲希世之珍。解放前上海有正書局以唐賢首國師墨寶印行。

朝、日文化交流和三國人民友好的推動者㈠。

法藏在畢生的宗教活動過程中，政治上積極配合唐王朝，從而獲得最高封建統治者的支持，而最高封建統治者出於政治上的需要，也竭力利用宗教。法藏正是在最高封建統治者，尤其是武則天皇帝㈡的直接支持下創立華嚴宗的。

武則天自立登基當皇帝後，由於和唐太宗、高宗留下的統治集團利害不完全一致，反映在利用宗教方面更擡高佛教，並且在選拔佛教宗派方面也存心有所不同。她自稱慈氏越古金輪聖神皇帝，用佛教的金輪的靈光圈來神化自己。法藏這個人頭腦比較靈活，政治活動能力很強，與武則天過從甚密，關係很深。史載法藏是由於武則天捨住宅爲太原寺度僧而出家受沙彌戒㈢的。他在當沙彌時，就

㈠ 法藏曾與被稱爲海東華嚴初祖的新羅義湘同爲智儼的門下，義湘回國後，兩人書信往還，交流佛教學術訊息，互贈禮物，深致拳拳。法藏把自己的佛教著作帶給義湘，義湘對法藏極爲尊重，說「博我者藏公」。又法藏的弟子新羅國審詳，住日本大安寺，宣傳華嚴義理，傳法於日僧良辨，開創日本的華嚴宗。

㈡ 武則天，父武士彠是經營木材生意的商人地主，因唐高祖李淵行軍途中曾休止其家，後隨李淵入長安，並逐步官至工部尚書。武則天也被唐太宗選入宮中，立爲才人。太宗死後，一度當尼姑。後高宗又召入宮中，並立爲皇后。弘道元年（公元六八三年）高宗死，兒子中宗繼位，次年，武后廢黜之，立幼子李旦爲傀儡，天授元年（公元六九〇年）索性自稱皇帝，改國號爲周。神龍元年（公元七〇五年）中宗復位，武則天病死。

㈢ 沙彌戒，是指依照戒律出家，只受十戒——出家人初步受的戒，還沒有受具足戒，還不是正式的比丘。

受到武則天的賞識。據傳後來法藏受比丘戒，也是武則天特地給予安排的㊀。武則天組織翻譯八十卷華嚴經，也特地讓法藏參加。她竭力主張擴展華嚴的思想陣地，在大周新譯華嚴經序中說：「添性海之波瀾，廓法界之疆域。」武則天命法藏開講華嚴經，在講到華藏世界品時，據說出現講堂「地動」（地震）的現象，法藏當即附會佛教迷信，特意上報武則天，女皇欣然利用，借機把地震災害當作天降瑞應來宣揚，說是如來佛降迹顯靈，命史官將此事編於載籍。由於法藏善於利用佛教信仰，配合封建王朝的統治需要，武則天賜名爲賢首（賢首是華嚴經中菩薩的名字），所以法藏又稱賢首大師，華嚴宗也由此又名賢首宗。武則天時，居於我國東北的契丹族松漠都督，因不滿武周王朝官吏的凌侮起而反抗。武則天一面派兵鎮壓，一面請法藏協助。法藏建立道場，設十一面觀音像，誦經行道，借助迷信的威力，配合軍隊的行動，受到武則天的優詔慰勞。

後來武則天年老多病，神龍元年（公元七〇五年）宰相張柬之乘機聯合桓彥範等人，以恢復唐王朝爲號召，合謀誅殺武則天的嬖臣張易之、張昌宗兄弟，迎中宗復位。在這關鍵時刻，「藏乃內弘法力，外贊皇猷。妖孽既殲，策勳斯及。賞以三品，固辭固授。」（唐大薦福寺故寺主翻經大德法藏和尚傳）法藏靈活應變，轉而支持中宗，獲得三品大官的獎賞。法藏還爲中宗、睿宗授菩薩戒，被中宗禮爲菩薩戒師，賜號國一。中宗還敕令撰寫法藏真儀，並御製讚四章，讚揚法藏「闡揚釋教，拯濟迷津」，「播美三

㊀ 據僧傳載，法藏於通天元年（公元六九六年）受詔宣講華嚴經，傳說「感白光昱然自口而出，須臾成蓋」，武則天乃命京都十大高僧爲授滿分戒。

千，傳芳百億。」(同上)

法藏平日的生活供應仰賴封建政府，每逢誕辰和節日，還受賜大量禮物。在中宗時，法藏上奏王朝，分別在長安、洛陽、吳、越、清涼山建立五座大寺，「均牓華嚴之號」，貯藏佛教典籍。借助中央封建政府的權力，把觸角從京都長安伸展到中南、華北、東南一帶，並且號請民衆普遍締結香社，「於是乎像圖七處，數越萬家。」(同上)這一些都爲華嚴宗的建立創造了物質基礎，擴大了羣衆影響。

法藏還爲華嚴宗貢獻了佛教理論和培養了門徒。他參加翻譯大量的佛教經典，除了參加翻譯八十卷華嚴經，增補舊譯經中入法界品的兩段闕文，並宣講三十幾遍外，還參加翻譯大乘入楞伽經、密嚴經、文殊授經記、金光明最勝王經、和藥師經等。法藏勤於著作，他關於華嚴的著述，撰有華嚴一乘教義分齊章(又簡名五教章、教分記或教義章)、華嚴金師子章、華嚴義海百門、華嚴經旨歸、華嚴發菩提心章、修華嚴奧旨妄盡還源觀、華嚴探玄記、華嚴策林、華嚴經問答、華嚴經明法品内立三寶章、華嚴遊心法界記、華嚴經關脈義記、華嚴文義綱目、華嚴經普賢觀行法門、和華嚴經傳記等。此外，一般著述有般若心經略疏、入楞伽心玄義、大乘起信論義記等。繼承智儼所創教相和觀行的新説，進一步闡發和建立了獨具特色的佛教理論體系。法藏還培養了一批弟子，據史載，跟隨法藏學習的，「從學如雲，莫能悉數」，其中錚錚者，有宏觀、文超、智光、宗一、慧苑、慧英，「名雷於時，蹤露於後」(同上)。由於封建最高統治者的支持，和個人宗教業績的顯赫，法藏一時地位特高，聲勢很盛，成爲佛教界的巨擘，「故人皆不名，而稱華嚴和尚焉。」(同上)這樣，法藏就在天台宗、唯識宗之外獨樹一幟，並使華嚴宗的教義得以傳播和推廣。

武則天非常推崇的華嚴經，主要是闡述和宣揚所謂佛的境界的，華嚴宗進而用「理事無礙」（無礙，無矛盾衝突的意思）和「事事無礙」來說明所謂佛的境界。但是，這種標榜最最圓滿玄妙的教義，委實令人費解。約在華嚴經譯成的聖曆二年（公元六九九年）底㊀，法藏在爲武則天講解「十重玄門」、「六相圓融」等教理時，連天資聰穎的武則天也感到很難理解和掌握。爲此「善巧化誘」的法藏特舉殿前的金獅子爲譬喻，闡明上述教理。宋高僧傳卷第五法藏傳說：「藏爲則天講新華嚴經，至天帝網義十重玄門、海印三昧門、六相和合義門、普眼境界門，此諸義章皆是華嚴總別義網，帝於此茫然未決。藏乃指鎮殿金獅子爲喻，因撰義門，徑捷易解，號金師子章。列十門總別之相，帝遂開悟其旨。」法藏的弟子把這次對武則天的宣教記錄加以整理，稱爲華嚴金師子章，簡稱金師子章。由於華嚴金師子章是法藏晚年專門爲女皇武則天宣講的華嚴宗的教理，是經過深思熟慮、比較成熟的思想，集中和簡要地概括了華嚴宗的基本論點，因而是華嚴宗著作中具有權威性的論著。

㊀ 此據宋志磐著佛祖統記·諸宗立教志之賢首法藏法師傳，見本書附錄六。另外，清法續在法界宗五祖略記中謂華嚴金師子章作於長安四年（公元七〇四年）底，見本書附錄七。

二、金師子章的宗教哲學思想剖析

（一）

華嚴金師子章全文共分十段，約近一千五百字，文約義豐，言簡意賅，因此，有必要先解剖文章的組織結構和思辨邏輯。

華嚴經在形式上的特點是經文的十句式。繼承這種形式，喜好用「十」數來論述佛教教義和各種問題，也成爲華嚴宗經院哲學的一大特點。華嚴金師子章分爲十段，正是這種特點的反映。法藏特意用「十」來分述自己的理論，還包含有標榜本宗教義圓滿無盡的用意。他説：「依華嚴經中立十數爲則，以顯無盡義。」（華嚴一乘教義分齊章卷第四）數量「十」是華嚴宗人立數的準則，「所以説十者，欲應圓數顯無盡故。」（同上）「十」是圓數，能顯示「十十無盡」、「重重無盡」的奥妙之義。

文章十段分四個層次：第一段到第五段講緣起色空的理論；第六段依緣起説講華嚴宗的判教——五教説；第七、八兩段是屬於觀察、分析宇宙萬物的法門「觀法」，講十個玄妙的成佛法門和事物的六種形相，以重點發揮「事事無礙」、「重重無盡」的思想——華嚴宗教義的核心；第九、十兩段則是歸結到宗教實踐及其結果，即所謂成就菩提智慧，進入涅槃境界。全文從講緣起開始，貫穿「事事無礙」、「重重無盡」的主題思想，最後以得佛果、進佛境爲結尾。它行文簡練，扼要地表述了華嚴宗的理論體系，是一篇比較完整的華嚴宗哲學論文。

從宗教理論和哲學理論來看，華嚴金師子章包含了相當豐富的佛教唯心主義理論和獨特的思辨邏輯。文章的脈絡是從萬物是由各種條件和合而成的緣起理論，進而闡述無窮無盡、錯綜複雜的緣起關係的「無盡緣起」內容。緣起說是無盡緣起說的理論基礎，而法藏講緣起理論又是爲了闡述無盡緣起的內容，解答武則天的難題，所以全文的重點是「無盡緣起」說，卽萬事萬物無妨礙無矛盾的「事事無礙」思想。在緣起理論論證方面，法藏的主要思辨方法是兩個：一是採用性與相、空與有、體與用等範疇，來解釋緣起的萬物彼此之間的關係，是所謂「相卽」（不離、不二，互相依存，）和「相入」（互相包含、互相交滲）的關係；二是用「三性」（遍計所執性、依他起性和圓成實性）同一的觀點來闡明性相融通、無障無礙，卽主要是着重於依他起性，說依他起性同時具備遍計所執性和圓成實性，也就是同時具備染污和清淨、虛妄和真實的兩面，並由此進而說明染和淨、妄和真是不可分離的，沒有差異的。文中所論「六相」、「十玄」則是說明無盡緣起的內容的。在這方面法藏的思辨邏輯是：「六相」說是用「總別、同異、成壞」三對相狀範疇去論述現象的構成以及現象與現象的關係，從而闡述了全體與部分、同一與差異、生成與壞滅的錯綜複雜的無盡緣起關係；「十玄」說從性相、一多、隱顯等角度說明宇宙萬物的互相依賴、互相包含，從而形成無窮無盡的關係。總之，這是主觀地應用範疇和重要概念來分析本體和現象、現象和現象之間的關係，以構築重重無盡的宇宙圖景和所謂諸佛境界。

（二）

緣起説是華嚴金師子章的重要内容，文章的前五段對此作了集中的論述。它以金獅子作爲比喻，説金體由工匠加工製作造出了金獅子，所以金獅子是由因緣和合而生起的。金獅子既然是緣起，也就説明是「色空」，即物質現象是空的。那種把虚幻的獅子執着爲實有，是一種虚妄的分别。但是，這也不是憑空而來的妄執，而是由於依因緣而起，顯現爲「似有」。在這種「似有」的金獅子中，金作爲獅子的本體是始終不變的，而金獅子是虚無的。

華嚴金師子章的緣起説，是法藏宗教理論的基石，是其世界觀的重要組成部分。緣起説强調事物都是有條件地形成的，也就是説每一個事物都只處在全部事物的相互依存關係中，這就涉及到任何事物或現象都不能孤立地存在，而是和周圍的事物或現象處於一定的相互依賴、相互制約和相互作用之中，即涉及相互聯繫或普遍聯繫這個重大的哲學問題。緣起説以金體爲實有，獅子爲幻有，這又涉及到事物的本質和現象這一對重要的哲學範疇。這都是有理論意義的，在人類認識史上是有積極作用的。但是，法藏不懂得聯繫的根本内容是矛盾雙方又對立又統一。事物或現象之間所以能够相互聯繫，就是因爲它們相互對立，相互排斥，又相互依賴，相互轉化。没有對立統一，就没有聯繫，因此，法藏的聯繫學説遠不是深刻的，科學的。法藏還把現象規定爲虚幻的存在，是假相，把本質規定爲永不變化的絶對的東西，這又歪曲了本質和現象的辯證關係。唯物辯證法認爲，事物的本質和現象，兩者既有區別，又是密切聯繫的。本質決定現象，現象表現本質。甚至連假象也是本質的表現。雖然佛教講的假相是指虛幻的存在，和我們所講假象是本質的歪曲表現不同，但是列寧下面的話對於分析把現象視爲假相的觀點仍是有啓發的，他說：「本質具有某種假象。假象是本質自身在自身中的表現。」（黑格爾「邏輯學」一書摘要，列寧全集第三八卷，第一三七頁）「假象的東西是本質的一個規定，本質的一個方面，本質的一個環節。」（同上）又説：「非本質的東西，假象的東西，表面的東西常常消失，不象『本質』那樣『扎實』，那樣『穩固』。例如，河水的流動就是泡沫在上面，深流在下面。然而就連泡沫也是本質的表現。」（同上書，第一三四頁）華嚴金師子章把現象當作假相，否定現象的客觀真實性，而其結果也就否定了本質的客觀真實性。由此也可見，歪曲本質和現象的内在聯繫，是法藏導致否認事物的客觀真實性的重要認識根源。

這裡還應指出，法藏用金獅子作比喻，以金子爲本質，金獅子爲形相，來論證本質和現象的關係，這些論述雖然在認識上有啓發的意義，但是這個比喻本身是似是而非的。因爲，就金獅子來說，它的形相是大小、顏色、形態等，它的本質是由金造成的、莊嚴宫殿的藝術品。就金來說，它是造成金獅子的原料，而不是金獅子的本質。作爲金來說，它的現象也不是金獅子相，而是它的形狀、顏色、光澤、硬度等。所以，金獅子的比喻是不恰當的。由此又可見，比喻的不恰當是導致法藏滑向唯心主義的又一重要原因。

緣起說是法藏繼承印度佛教大乘空宗和有宗，吸收中國攝論師講授攝大乘論的論點、天台宗和唯識宗的理論，會通糅合、加工改鑄的產物。華嚴金師子章一面繼承空宗的緣起說，否定一切現象的自身質的規定性，但是又不滿意那種心境皆空、主體和客體都不存在的論點，而主張現象虛假，本質真實。華嚴金師子章也襲用唯識宗的三性說來說明緣起的道理。但是，法藏主張三性同一，强調由淨見染，由染見淨，由真見妄，由妄見真。唯識宗認爲事物在依他起中顯現的實相真性是圓成實性，而法藏則主張金性不變，以恆常不變的真心本體爲圓成實性。這種圓成實性一方面既是恆常不變，一方面又是能隨緣成就萬物，圓成實性（「性」）和遍計所執性（「相」）也是融通無礙的。不必去掉遍計所執性以後，另求圓成實性。法藏華嚴宗佛教思想的這種發展和演變，强烈地反映了企圖調和融合各宗的理論，以及追求縮短世俗生活和宗教生活、衆生和佛的距離的宗教目的。

（三）

華嚴金師子章第七、八統括闡明「十玄」和「六相」兩段，簡要地分述了「十玄無礙」和「六相圓融」的觀法，闡明了「無盡緣起」的內容。即宣揚宇宙萬事萬物處於無窮無盡、無限複雜的相互依存、相互圓融、相互包含的關係之中的思想。按照「無盡緣起」的理論次序，「六相」在先，「十玄」在後，這裡先評述「六相圓融」說。

「六相」說源於地論師所宗奉的十地經論。十地經論是解釋華嚴經的十地品的。該書的作者、印度唯識宗的大師世親根據所謂菩薩行用六種方便構成廣大無量無雜的論點，在解釋華嚴經時提出了一個凡例，即用「六相」（總、別、同、異、成、壞）作爲一種法門來説明經文每種十句的内容。比如第一句是總相，其餘九句被認爲是從第一句分化出來的別相；第一句因爲是總相，所以也是同相，其餘九句則是異相；第一句也是成相（略相或合相），其餘九句是壞相（廣相或開相）。各種十句都是如此解釋。智儼由此體會華嚴法界緣起的相貌也不外乎這六個方面，於是就用來解釋一切緣起的現象。法藏也由此聯想和推論現象和現象之間的關係，都是由「六相」（三對範疇）而形成的錯綜複雜的緣起關係。他在華嚴一乘教義分齊章的結尾作一頌文説：「一即具多名總相，多即非一是別相；多類自同成於總，各體別異現於同；一多緣起理妙成，壞住自法常不作。唯智境界非事識，以此方便會一乘。」這是説，一種緣起事物具有各種成份叫做總相，各種成份有差別而不同一是別相；各種成份和合成爲一個總體叫做同相，同相中各種成份又各不相同是異相；各種成份因緣和合而起形成事物叫做成相，各種成份保持自立分離狀態不和合成事物是壞相。唯有這樣的智慧境界而不是對事物的世俗認識，才是教化衆生的方便手段，並以此歸結爲佛教一乘教的教義。

華嚴金師子章以金獅子爲比喻説明「六相」。金獅子是總相，是喻説一種緣起中具足了各種成份，如金獅子具有眼、耳、鼻、舌、身（「五根」），而金獅子的眼、耳、鼻、舌、身是別相，因爲各種成份有所差別。眼、耳、鼻、舌、身相依相待，合成一個總體——獅子，是同相；眼、耳等各部分互生，又各不相同，是異相。眼、耳等諸根緣起而成爲獅子，是成相；眼、耳等各部分仍住自位，保持分離狀態是壞相。從認識論來説，應用總別、同異、成壞三對範疇，以這六種相對的相狀去分析事物，是有意義的。但是，六相説的本意是講六相兩兩相別相成，同時具足，互融無礙，因而實際上通過承認差別，又歪曲了差別，有時甚至導致抹殺了六相之間的差別，歪曲了現象的各種相狀的真實面貌。在這方面，由於華嚴金師子章限於篇幅，並沒有展開。因此，在評述華嚴金師子章的六相説時，還必須結合分析華嚴一乘教義分齊章關於以舍（房屋）爲比喻，所作的對六相的説明，從而簡要地揭示六相説的基本内容。

法藏説舍是總相，椽、瓦等是別相。同時椽又「全自獨能作舍」（華嚴一乘教義分齊章卷第四），所以，「若得椽時，卽得舍矣。」（同上）進而「椽卽是舍」，「總別相卽」（同上）椽就是房屋，總相和別相不二。同樣，法藏説舍是同相、成相，椽是異相、壞相，並根據「椽卽是舍」的論點，同相也就是異相，成相也就是壞相，從而歪曲了六相之間的差別，把事物的差別説成是虚幻的現象，陷入了唯心主義。

六相圓融説，涉及整體與部分、同一與差異、生成與壞滅三對矛盾，法藏猜測到矛盾的兩個側面是互相依存、互相交滲的，比如別相構成總相，只有在它構成總相時，才是別相；同樣，總相由別相構成，也只有在由別相構成時才是總相。同相和異相，成相和壞相的關係也是如此。法藏還認爲只看到總相、同相、成相的一面，或者相反只看到別相、異相、壞相的一面，都是片面的、錯誤的。這是帶有辯證法思想的合理成份。但是，法藏認爲別相就是總相，這是以偏概全，把部分等同於整體。法藏把總相和別相，同相和異相，成相和壞相等同起來，宣傳所謂圓融無礙，卽宇宙一切現象大調和、大同一的理論，是不符合客觀世界的實際圖景的。其理論目的在於通過取消事物質的規定性，最終否定客觀世界的真實性。唯物辯證法認爲宇宙萬物各有其特殊本質，事物的差別是客觀存在的，同時又認爲萬物之間有着這樣那樣的共同點，事物的差別是相對的。也就是既反對把事物之間的差異和界限絕對化的形而上學，也反對抹殺事物之間的區別和確定界限的相對主義，主張從事物的區別中發現聯繫，從相互聯繫中把握事物的區別。由此也可見，從承認事物之間的差異，到最終又歪曲事物之間的差異，特別是說一根椽就等於一棟房屋，即不適當的以部分代替整體，這種詭辯顯然是法藏在認識上的一個重要失足之處。

(四)

無盡緣起說的又一個重點，而且是更重要的重點，是「十玄無盡」的理論。

「十玄」是華嚴宗根據華嚴經的理論構思出來的。華嚴經全文是以虛構的佛境爲對象，來發揮佛境是衆生心地本來具有的道理。華嚴經的賢首品在描述佛的最高境界時，說一粒微塵中有無量刹（世界），而這些世界又具有染淨、廣狹、有佛無佛等不同的情況，猶如「天帝網」一樣。「天帝網」是印度神話，說天神帝釋天宮殿裝飾的珠網，珠光交相映現，重疊無窮。華嚴經在闡發教理時，還常用「十對」名目——教義、理事、境智、行位、因果、依正、體用、人法、逆順、感應，來說明宇宙萬事萬物彼此之間互相圓融、互相包含和無窮無盡的關係。智儼在華嚴一乘十玄門中首先發明「十玄」的說法來建立他的理論，法藏的「十玄」說是繼承和發展了智儼的理論。由於法藏的「十玄」和智儼的「十玄」不甚相同，爲了表示彼此的區別，稱前者爲「古十玄」，稱後者爲「新十玄」。法藏的「十玄」說幾經變動，最早是在華嚴一乘教義分齊章中的説法，後在華嚴金師子章中改變了次序，最後在華嚴探玄記中又對「十玄」的三門作了名稱的改動，即將第二諸藏純雜具德門改爲廣狹自在無礙門，將第五秘密隱顯俱成門改爲隱密顯了俱成門，將第十唯心迴轉善成門改爲主伴圓明具德門。這説明「十玄」説的編造是煞費苦心的，也表明它在法藏宗教學説中的重要地位。「十玄」説是法藏佛教理論頗具特色的部分。

「十玄」説的基本內容，在於解釋緣起，闡明所謂成佛的境界。也就是説「十玄」的無盡緣起是一種觀法，是佛地（成佛的位）心境的展開。換句話説，衆生達到這種對現象和現象之間的無限複雜關係的悟解，是成佛的標誌。「十玄」説的目的是要説明重重無盡、事事無礙的教義是如來佛性德圓滿的道理，衆生也本來就具有這種圓滿性德。一切衆生「此心」本來具足一切功德，隨緣而顯現十玄無盡的境界，並不必假於修成。但佛和衆生還有迷悟的不同，一旦具有十玄無盡緣起的悟解，衆生也就成爲佛。這是十玄無盡理論爲信仰辯護的宗教意義。

「十玄」説的宗教語言，充滿了唯心主義思辨。具體説，第一同時具足相應門，是從事物産生的角度，宣揚萬物是無先後地同時産生和存在的，而且每一事物都具足自身應具備的一切條件，宇宙是萬物和諧共存的體系。第二諸藏純雜具德門，是講佛教各種修行都具有功德。從哲學上看，是進一步從個別現象與其它現象、事物的部分與事物的整體關係的角度，鼓吹任何現象都能收盡攝入即包含其它一切現象，事物的任何部分都能收盡攝入事物的整體，從而把一切現象歸結爲任何一個現象，把事物的整體等同爲事物的任何部分。第三一多相容不同門，是講事物的本體（「一」、「理」）和現象

（「多」、「事」）的關係，認爲兩者是既相區別又相包容的。第四諸法相卽自在門，是說明宇宙間的各個事物由於本體是相同的，因而任何一個事物都可以普遍攝入其他一切事物，進而任何一個事物也就是其它事物，也就是說各個事物都是相卽同一的。第五祕密隱顯俱成門，是講由於人們觀察時注意對象的不同，事物被觀察時顯現出來，不被觀察時則隱没下去。事物同具顯隱兩種形相，而這兩種形相是和人們的觀察相關的。第六微細相容安立門，是說不同事物雖然有種種差別，但卽使是極微細的事物也都能含容一切事物，所有事物一一安然並立。第七因陀羅網境界門，宣揚一個事物包含了無數微細的事物，任何一個微細的事物都包含了無數的粗大的事物，無數的粗大的事物都攝入於一個微細的事物中，小的和大的、少的和多的都是互相滲透、包容的，交互涉入，重重顯映，無窮無盡，如同「天帝網」一樣。第八託事顯法生解門，意思是觀察事物要把理和事，卽事物的本體和現象結合起來分析和論述，才能產生正確的見解。第九十世隔法異成門，認爲事物從時間上來說也是聯繫的，事物都有過去、現在和未來三世，每一世又各有三世，這九世既是相隔有別，又是融通無礙，同是存在於一念之中，卽一刹那中就包容過去、現在和未來的一切事物。這是宣傳時間既有區別又是無區別的。第十唯心迴轉善成門，是說一切佛教功德，都由心迴轉，能夠具足成就一切善業。從哲學基本問題來看，是宣揚萬物都是由心迴轉的表現，卽物是由心派生的唯心論。

上述法藏的「十玄」說涉及到三類關係：現象和本體的關係、現象和現象的關係以及現象和心的關係。

法藏「十玄」説關於現象和本體的關係，中心思想是認爲一切現象都是本體的體現，因而本體和現象也是相融無礙的，這也就是所謂「一卽一切」、「一切卽一」重要命題的意義。這裡法藏觸及到了本質和現象的區别性和統一性的問題，啓發人們探求千差萬殊的事物的統一本質，這是有積極意義的。但是，法藏又以本體的同一來歪曲本體和現象之間的客觀關係，他説没有金就没有金獅子，進而説没有「一」就没有「多」，没有「多」也就没有「一」；「一」包括了「多」，「多」也包括了「一」；更進而説「一」就是「多」，「多」就是「一」。（參見所著華嚴義海百門）這不只是從紛紜繁雜的現象包含有同一本體的角度來説現象和本體的同一性，卽差别中有同一，同一表現爲差别，而是推論出本體就是現象，現象就是本體。這就從强調本體和現象的差别，又歸結於本體和現象的等同。法藏的這種觀點也是和他的宗教唯心主義世界觀分不開的。在法藏看來，本體是自性空，是空理，這種空理是貫通一切現象的，從空理來看萬物都是無礙相容同一的。所以這種理論必然歸結爲否認客觀事物自身質的規定性，抹煞事物的具體的特殊的規律，把事物説成是没有「自性」的虚幻現象，進而否定客觀物質世界。

就現象之間的關係來説，法藏從事物在空間上的個别與個别、部分與整體，數量上的多與一，形體上的大與小，性質上的異與同，形相上的顯與隱以及時間上的長與短、先與後的關係展開了廣泛的多方面的説明，這在中國古代認識論史上幾乎是空前的。綜合法藏所述，現象和現象之間有依次推進的四層關係：相互差異、同時並列的關係，相互依存、和諧統一的關係，相互包容的關係，相互同一的關係，由此形成整個宇宙萬事萬物彼此相入相卽，相互融溶、等同的錯綜複雜、重重無盡的關係網。

恩格斯說：「當我們深思熟慮地考察自然界或人類歷史或我們自己的精神活動的時候，首先呈現在我們眼前的，是一幅由種種聯繫和相互作用無窮無盡地交織起來的畫面。」（反杜林論，馬克思恩格斯選集第三卷，第六十頁）法藏對於現象之間關係的論述，提出和應用一些對立的範疇，去探討事物不同層次的聯繫，猜測到了事物間的同一性和差別性，反映了人類對現象之間相互關係認識的深化。但是，也應當指出，法藏對宇宙萬物相互關係的論證，不僅是唯心主義的，而且是詭辯論。這裡最根本的問題還是法藏不能也不可能正確把握世界事物的對立統一關係，尤其是不能也不可能正確把握事物的同一性和差別性的內容實質以及兩者的關係。法藏承認事物之間的差別性，但他片面誇大了事物之間的同一性，結果有時又否認了同一性自身包含着的差別性。從而認爲每一個事物都包含其它事物，每一個事物就是其它事物，一切事物都包含於任何一個事物中，一切事物等同於任何一個事物，事物之間最終被歸結爲沒有差別和對立。法藏以金獅子的眼和耳等都是由金造成的，就說獅子眼即獅子耳，取消了不同事物的差別。法藏還認爲，金獅子的每根毛是金，所以一根毛中就有金獅子，甚至是無數的金獅子，從而抹殺了部分和整體的差別。再如，所謂「三世一念」的論證，否認時間的前後久暫的差別，都是唯心主義詭辯。客觀事物既具有同一性，又有差別性，「同一性自身包含着差異性」（恩格斯：自然辯證法，馬克思恩格斯選集第三卷，第五三七頁）。法藏不懂得同一性中事物的相互依存和相互蘊涵的聯繫和區別。建立在差別性基礎上的互爲依存的事物只有在一定的條件下才能是蘊涵關係，而不是無條件地都能成爲蘊涵關係的。法藏把互爲依存的關係一概歸結爲蘊涵關係，並進一步把蘊涵關係一概歸結爲等同關係。這種錯亂的邏輯是完全不符合客觀事物的對立統一的聯繫的。由此可見，正如上面已經指出的，歪曲事物的差別性和同一性的內容和關係，是法藏在事物相互關係問題上陷入唯心主義詭辯論泥潭的重要認識論根源。列寧指出：「辯證法曾不止一次地作過——在希臘哲學史上就有過這種情形——通向詭辯論的橋樑」。（論尤尼烏斯的小册子，列寧全集第二十二卷，第三〇二頁）法藏的理論是在中國哲學史上出現這種情形的生動例證。

「十玄」中第十唯心迴轉善成門，講到心與現象的關係。法藏認爲金與獅子，即本體與現象，或隱或顯，或一或多，都無自身質的規定性，都是心的作用。這就是說，宇宙的一切都是心變現出來的。這裡所講的心是指個人的主觀的心，還是指宇宙本體意義的心？還是兩種意義兼而有之？搞清楚這些問題，有助於進一步把握法藏華嚴宗哲學思想的性質。

緣起說，即主張宇宙萬物由衆因緣（條件）和合而生起，也會由衆因緣的演變而消失，幾乎是佛教各派共同的教義。華嚴宗在這方面的特點是，以法界緣起說爲本宗的中心教義。法界緣起有兩層含義：一是法界指整個宇宙現象界的全體，認爲宇宙萬物都是相互爲緣而生起，因而是空無自性的，這是唯心主義的理論；二是法界指「一真法界」，也就是宇宙現象的本體，宇宙萬有都是從「一真法界」派生的，這是客觀唯心主義的理論。作爲我國華嚴宗的真正創始人法藏，正是法界緣起說理論的代表人物。法藏也講「一真法界」本體，這個本體是和「事」相對的、產生「事」的「理」，變現萬物的「佛智」，也就是一種無人身的神性，精神性的實體，法藏也稱之爲「真心」、「净心」，這是屬於客觀唯心主義的範疇。關於這裡所講的「心」，後來的華嚴宗學者，如中國的承遷、淨源都沒有明確的注釋，而日本的景雅、高辨則是明確地認爲是「真心」。按照法藏的哲學思想路線，我們認爲這裡「唯心」的「心」應當是指「真心」。但是從「唯心迴轉善成門」的行文來看，法藏認爲金和獅子、理和事，即本體和現象都是隨心迴轉的，這樣「心」又是和理即「真心」本體不同，而含有主觀意識、認識的意義。這種矛盾含混的邏輯不是偶然的，因爲對法藏思想發生重大影響的起信論，它所講的「心真如」就是時而指理，時而指心，没有明確的界説；同時，法藏也認爲清淨並不遠離染污，佛智並不脱離衆生的認識，所以，又説個人的心能變現一切。這種論點顯然是具有主觀唯心主義性質的。

客觀唯心主義者法藏，同時兼有主觀唯心主義思想，是華嚴宗構築宗教理論的需要，也是爲了强化對個人意識的麻醉作用的表現。法藏主張共同的本體是産生萬物的根源，但是何以相同的本體會變現出千差萬別的現象呢？這是華嚴宗面臨的一個重要理論課題，也是頗爲棘手的難題。其次，在宣揚怎樣具備所謂佛智，悟解重重無盡緣起的道理，達到一心向往成佛的境界，也需要强調自我的精神解脱，從而强調「心」即個人主觀意識的作用，正因如此，法藏在宣揚法界緣起理論的同時，還宣揚「心爲塵因」（華嚴義海百門卷一），個人的意識是産生客觀對象（「塵」）的原因。「離心之外，更無一法，縱見内外，但是自心所現，無別内外。」（同上書，卷五）把宇宙萬物都歸於衆生的自心，把事物之所以千差萬別歸結爲衆生自心的不同作用。不僅現實世界是自心所生，而且佛的境界的緣起也是出於自心，一切衆生本來具有成佛的功德，只要一旦覺悟，就具有佛境。這樣，法藏又從客觀唯心主義轉到主觀唯心主義思想上去了。

和上述思想相適應，法藏華嚴宗還提出要真正理解緣起的道理，必須同時具有兩種觀法：「法界觀」和「唯識觀」。「法界觀」是講四重法界：「理」（本體）、「事」（現象、作用）、「理事無礙」、「事事無礙」。「十玄」說就屬於「事事無礙」觀，表示周遍含容的意思。作爲理的體現的事與理是融通的，而事和事同是作爲理的體現，也是相互調諧的。「唯識觀」，則是把法界歸於一心，萬事萬物是衆生心的顯現，由此萬事萬物也能在主觀認識之內達到無礙圓融。總之，在法藏思想裡頭，既有客觀唯心主義，也有主觀唯心主義。法藏的主觀唯心主義思想，雖也重視心（內）色（外）的對立，但把心看爲產生萬物的根源，這是和法藏所宗奉的華嚴經的旨意不甚相同的，也是和法藏的以本體變現現象的理論相矛盾的。後來法藏把唯心迴轉善成門改爲主伴圓明具德門，强調一種現象的產生，必然伴隨着其他現象的產生，形成互爲主伴的關係，任何一種現象都圓滿具足一切功德，可能就是想修飾或避免唯心迴轉的說法。不過這不能從根本上改變法藏唯心主義思想所帶來的窘境。其實，佛教把宇宙的本體與人心時而合一，時而分開，或把本體自我意識化，或把自我意識本體化，顛來倒去，變換無定，反復組合，正是它的唯心主義思辨結構的秘密所在，也是它的理論本身內在發展的必然格局。

（五）

華嚴金師子章第六段論五教是法藏的判教學說。所謂判教，是由於歷史的長期演變，形成佛教派別衆多，經典浩繁，且多歧義，但又都尊爲佛説，這樣，爲了建立佛教宗派，必須彌補和調和不同時期各類經典乃至各派的分歧和矛盾。在印度已有這種趨勢，如小乘、大乘和半教、滿教之説，在我國南北朝時代也有「五時」、「七階」的判教。到了隋唐時代則形成了系統的判教理論，從而使各宗派有一個似乎可以貫通的理論體系。判教的辨法是對全體佛學加以分科組織，即不以簡單的對峙乃至全盤否定的態度來處理各派思想信仰之間的關係，而是把各派思想作爲一個統一整體的各別情況來區分高下等級，并把自己的一派的思想置於各派之上。

法藏十分關心和重視判教，他曾向來華的印度沙門地婆訶羅（日照）詢問印度關於佛一代教法的判釋問題。法藏的五教説，是把自己本宗的教義稱爲「圓教」，是圓滿無礙的，把其他宗派判爲「偏教」，是不全不正的。法藏認爲各教教義的特徵是：第一小乘教，只懂得因緣和合的道理，否定自我的真實，還不懂得一切事物都是性空的道理；第二大乘始教，主張萬物由因緣（條件）而生，没有自身質的規定性，是徹底空的；第三大乘終教，既認爲萬物是徹底空的，又承認萬物的虚幻形相的存在，真空與幻有兩者互不矛盾；第四大乘頓教，進一步認識到空和有互相奪除，共同泯滅，兩相雙亡；第五大乘圓教則主張森然羅列的萬物是真實本體的體現，由於萬物的本體是相同的，因此，現象和本體，現象和現象都是相卽相入的，也就是「一切卽一」，「一卽一切」的關係，人們只要妄情滅盡，本體就顯露出來，這是華嚴宗的所謂最圓滿的教義。法藏認爲大乘圓教是一乘（佛乘）教，但又區別於法華經講的一乘教。法華經是用一乘把三乘（聲聞、緣覺、菩薩）歸納起來，認爲由三乘到一乘，是道理由淺到深，淺深是程度不同，根本道理是相同的，稱爲「同教一乘」。華嚴經的道理是三乘所沒有的，是最圓滿的，稱爲「別教一乘」。法藏認爲華嚴宗的教義是超過天台宗的。

法藏的判教，反映了華嚴宗對般若空宗和唯識有宗的理論的不滿。它認爲般若空宗主張心境都無，一切皆空，容易導致否定所謂成佛境界的存在；唯識宗主張識是真實的，而由識變現出來的境則是虛妄的，是自相矛盾，也並不圓滿。法藏認爲圓滿的教義應當是：事物是本體的體現，萬物互爲因果。但是，法藏的這種所謂圓滿的教義，其實也只是糅合空、有二宗的說法而已。華嚴宗是一方面不滿意空、有二宗，一方面又調和空、有二宗的學說，並作爲本宗的教義的。

還應指出，法藏的判教也是吸取天台宗的判教加以變通的結果。天台宗從形式的角度把佛教分爲斷、秘密、不定和頓四教，從內容的角度又分爲藏、通、別、圓四教，合爲八教。法藏採取藏、通、別、圓四教的分法，同時把藏教改稱小乘教，改通教作大乘始教，別教爲大乘終教，再添加一個頓教，連同圓教共爲五教。這樣，由於補充了頓教，就在分類上容納了內容和形式兩個不同的標準，不免造成混亂。法藏在華嚴金師子章中，對五教內容的解釋，就是想重新確立標準，作出和天台宗不同的解釋，這就是按照緣起方面逐步展開，發揮了從緣起到法界圓融無礙的思想。所以華嚴金師子章的五教說不僅是一種佛教思想發展史觀，也是以判教的形式闡明了緣起說的基本思想，因而是值得重視的。

三、金師子章的思想實質及其影響

法藏在華嚴金師子章中宣揚的唯心主義理論，既有宗教信仰的目的，也有社會政治的目的，既爲佛教神學服務，也爲唐王朝統治服務。

華嚴金師子章的宗教目的，最突出的表現爲力圖縮短佛境與現世、佛與衆生的距離。具體說，一是通過論述理事無礙，本體與現象圓融，事事無礙，任何一個東西都包括一切東西，也就是說一粒塵土中也有佛國存在，借以宣揚世俗生活和宗教生活、塵世污土和涅槃境界、此岸世界和彼岸世界不是截然脫節，而是互融無礙的，從而使人們對於進入涅槃境界有一種可望似乎又可及的安慰。二是通過宣揚「一卽一切」的觀點，簡化宗教實踐，融會宗教果位，就如高辨所說的：「言一卽一切，因果歷然者，此位卽攝一切位故，後九住、十向、十地佛果歷然在此中。」（金師子章光顯鈔）這等於說得一果位就進入佛境，給人們以一種一蹴而就的滿足。再是與這一點密切相聯繫，人性和佛性不是絕然相反的，衆生和佛也不是絕然對立的，而是圓融無礙的。衆生本來具足一切功德，隨着機緣而顯現出來，也就是說衆生只要一旦覺悟，佛性顯露出來就成爲佛。在「成菩提」和「入涅槃」兩段，法藏不強調修行，只宣傳返本還源，卽只要主觀認識轉變，就成爲佛。「初發心時便成正覺」（華嚴一乘教義分齊章卷四）。這樣，被壓迫的勞苦大衆和身享富貴榮華的統治者都可以在所處不同的地位和生活中達到所謂「佛」的境界。成佛不用等待到遥遠的將來，也不必到另外甚麼別的地方去尋找，在眼前的現實生活中就可以達到。這反映了華嚴宗在和其他佛教宗派以及其他宗教的斗争中，在所謂衆生成佛問題上，作出越來越廉價的允諾，以争取更多信衆，擴大本宗的勢力，鞏固本宗的地位。

我們評述華嚴金師子章的理論，一個重要的方面是要分析其社會根源和社會意義。法藏的理事無礙和事事無礙説，宣揚千差萬別的事物都是絶對平等無差別的本體「理」的體現，因而每一個事物自身都是完美無缺的，彼此之間也都是圓融無間的，整個宇宙和社會是一個雖異而同的融洽和諧的結構。這就是説，地主階級和農民階級可以和應當和平共處，相依爲命。被剥削階級和剥削階級，社會各階級、階層、集團都是社會整體——封建統治關係之網的不可缺少的紐結。壓迫就是仁政，剥削就是恩施，凡是現實的都是合理的、美好的，從而完全肯定了唐代封建統治的現實價值。在武周統治後期，統治階級内部皇族、貴族和庶族的三角權力之争錯綜複雜，農民階級和地主階級的矛盾日益發展，如何通過鼓吹事物的互相依存來調和社會矛盾，維護等級差別，是當時統治者在意識形態領域裏的最大課題。法藏華嚴金師子章宣揚宇宙萬物圓融無礙，就是爲了調和唐代封建社會的統治階級内部矛盾和階級矛盾，進而維護現實的封建統治。法藏面對女皇武則天的説法，是對武周封建等級統治的虔誠而崇高的禮贊，是對現實的不平等社會的神聖而美好的祝福，法藏爲當時的封建統治提供神學的論據，披上聖潔的外衣，是華嚴宗受到武周和李唐最高統治者熱烈贊賞和全力支持的根本原因。

由於唐武宗會昌滅佛和五代間的動亂，法藏的著作散佚，一度在國内幾乎絶迹，直到宋紹興年間才從高麗（今朝鮮）送回，並刻入大藏經。華嚴金師子章在佛教界，尤其是華嚴宗内部受到重視。北宋後期華嚴宗著名人物淨源在金師子章雲間類解序中説：「然而斯文，禪叢講席，莫不崇尚，故其注解，現行於世者殆及四宗：清源止觀禪師注之於前，昭信法燈大士解之於後，近世有同號華藏者，四衢昭昱法師、五臺承遷尊者皆有述焉。」(大正藏第四五卷第六六三頁)新羅(朝鮮)崔致遠讚揚華嚴金師子章說：「此作也，搜奇麗水之珍，演妙祇林之寶(寶，一作定)，……啓沃有餘，古今無比。」(唐大薦福寺故寺主翻經大德法藏和尚傳)日本華嚴宗僧人對法藏極爲禮敬，尊稱他爲香象大師㊀，該宗著名學者景雅和高辨都分別對華嚴金師子章作了詳盡注釋。可見，華嚴金師子章在中、朝、日的佛教思想史上都是占有重要地位的。

法藏華嚴金師子章的宗教唯心主義觀點、方法和使用的範疇對以後的宋明理學有重大的影響，其中主要是理事無礙的思想給宋代理學家們以直接的思想啓發，如宋代理學的主要代表人物之一朱熹，在其哲學中論述了從一個抽象的理産生互相殊異的事物的「理一分殊」說，其思想淵源之一就是華嚴金師子章的思想。朱熹說：「理一分殊，合天地萬物而言，只是一個理，及在人則又各自有一個理。」(朱子語類卷一)「萬個是一個，一個是萬個」(朱子語類卷九四)，認爲千差萬别的事物，歸根到底不過是統一的理的分殊而已。萬物歸結爲一個理，一個理體現爲萬物。又說：「萬物皆有理，理皆同出一原，但所居之位不同，則其理之用不一，如爲君須仁，爲臣須敬，爲子須孝，爲父須慈，物物各具此理。而物物各異其用」。(朱子語類卷十八)就是說，作爲最高本體的理，由於所居地位不同而體現出來的作用也不同。這些觀點都是和華嚴金師子章中的理事無礙，「一卽一切」，「一切卽一」的思想一致的。這裡值得注意的是，朱熹繼承法藏理事思想方面的兩個重要發展，一是他把這種思想應用於社會政治倫理

㊀香象，係菩薩名號。華嚴經菩薩住處品說有菩薩在北方香聚山說法，名爲香象。

領域，說：「君臣、父子、國人是體，仁、敬、慈、孝與信是用。」（朱子語類卷六）宣揚封建等級制度和封建道德規範是體用關係，借以强化封建道德，爲鞏固封建等級統治服務。再是，把理事的本末、體用的含義，延伸爲一般和個別的意義。朱熹在回答「萬物各具一理，萬理同出一原」的問題時說：「一個一般道理，只是一個道理，恰如天上下雨，大窩窟便有大窩窟水，小窩窟便有小窩窟水，木上便有木上水，草上便有草上水，隨處各別，只是一般水。」（朱子語類卷十八）這裡講的「一般道理」、「一般水」實際上就是抽象的絕對觀念，朱熹認爲具體事物體現了「一般道理」，大坑水、小坑水、樹上水、草上水體現了「一般水」。十分明顯，「一般道理」和具體事物，「一般水」和大小坑裡以及木草上面的水，是一般和個別的關係，朱熹的論述雖然反映了抽象思辨水平的提高，但是他的論證是唯心主義的。

校釋説明

一、本書原文以江蘇如皋刻經處金師子章雲間類解爲底本，勘以大正藏所據明刊本。

二、華嚴金師子章注釋本行世的有宋五臺山真容院沙門承遷所註的大方廣佛華嚴經金師子章（見續藏經第壹輯第貳編第八套第一册），宋晉水沙門淨源撰述的金師子章雲間類解（見頻伽精舍校刊大藏經，華嚴宗部二十三卷），這兩個註本均收集在大正藏第四十五卷中。此外，還有日本華嚴宗僧人景雅的金師子章勘文（見大正藏第七十三卷）和高辨的金師子章光顯鈔（見大日本佛教全書第十三册）。故此，本書原文以大方廣佛華嚴經金師子章、金師子章勘文和金師子章光顯鈔爲參校本。引用時分別簡稱爲「遷註」、「類解」、「勘文」、「顯鈔」。

三、本書體例爲先校勘後注釋。校勘標明以上各本異文，其涉及思想内容或文字差異很大者，酌加案語説明，其他則略而不論。

四、華嚴金師子章篇幅短小，注釋本也不多，且又分散。爲了便於專業研究工作者參閲舊註，本書依時代先後集録了承遷、淨源、景雅和高辨四家的註解於原文之下。校釋者自己的見解，則加以「案」字。並於每段之末，通釋全文，標明「總釋」。

由於景雅和高辨多係對整句或整段作註，因此註文多數分别録在原文句末或段末。再者，各本文句差異或斷句不同，有些註和底本原句不相應者，則收録在底本的適當的原文之下。集録的舊註，一般不再加説明，僅對其中部分的引文、書名與人名加以簡要的校釋。

五、凡對「勘文」、「顯鈔」所引佛典有較多增補者，加〔　〕標出，不另加註。

六、原書「師」與「獅」爲通用字，一仍其舊。遇有避諱字和明顯錯字，均逕改。不常見的異體字則改爲通行體。凡增删或改字，均以邊註説明理由或依據。

七、爲了便於了解法藏的生平活動和註本的緣起，特集録有關傳記、序言等十篇，作爲附録。註者承遷、淨源、景雅和高辨的生平事迹，則作簡要介紹附後。

華嚴金師子章校釋

初明緣起，二辨色空，三約三性，四顯無相，五説無生，六論五教，七勒十玄，八括六相，九成菩提，十入涅槃〔一〕。

校釋

〔一〕【顯鈔】次正列十門。第一明緣起者，佛法大綱，不出有、空二門。今有明緣起有，故此門來。第二色空門者，於二門中，前明有，今欲辨空，故此門來。第三三性門者，前二門是大綱也，未委分別大乘性相，今將分別，故〈此門〉來。第四無相門者，三性一性，所謂無相性也。相盡歸性，更無三異。前如緣起爲第一，色空爲第二，今會差別三性，歸無相一際，故此門來。第五無生門者，相盡歸性，此性猶無生也。妄相是絶，心言更寂，性相俱寂，立無生稱。第六五教門者，前五門雖有總㊀別，未分教類，或約三乘，或滯一理，今欲顯自宗教類差別，故此門來。第七、第八二門者，雖前五教是自宗所立，唯分教類差別，未辨別教一乘，十玄六相，義理分齊，今欲明之。於中第七門辨十

㊀「總」原作「惣」。「惣」，爲「總」的訛字，以下均逕改。

玄緣起無盡，第八門辨緣起方便六相門。第九、第十二門者，菩提是大智，涅槃是妙理。萬行究竟，必顯大智；大智圓滿，定合妙理。雖分能所，是果德也。諸教所詮，萬行所歸，故次前來。上來總明生起次第。又有一義，此十門生起義，總影似自宗所立五教次第，謂緣起門是小乘緣生實有義，空門是大乘始教，三性門通始終二教，無相、無生，約頓教說，六、七、八三門，約自教說，於中初一明自宗教類差別，後二約圓中別教說，九、十二門，總約諸教說，可知。

明緣起第一〔一〕

謂金無自性〔二〕，隨工巧匠緣〔三〕，遂有師子相起〔四〕。起但是緣，故名緣起〔五〕。

校釋

〔一〕【遷註】萬像本空，假緣方有。又：第一明緣起者，謂萬法無體，假緣成立，若無因緣，法卽不生。故經云：「諸法從緣起，無緣卽不起。」

【類解】夫至聖垂教，以因緣爲宗，緣有內、外之殊，世、出世之異，故標第一，明諸緣起也。

【案】明，闡明。　緣起，梵文 Pratītyasamutpāda 的意譯，是佛教學說的基本範疇之一，隨着佛教的發展，它的內涵和外延都有變化。最早出現的是「業感緣起」說，主要是用以分析說明社會不平等和人生痛苦的原因。後來佛教各派作了很多發揮，成爲整個世界觀和宗教實踐的理論基礎。

它着重講的是關於世界的起源，世界萬事萬物如何産生的問題。它認爲世界上的一切事物都是由衆「因緣」(條件，「因」是主要條件，「緣」是輔助條件)和合而生起，也因衆「因緣」的離散而消失，所以叫做緣起。華嚴宗發展了緣起説。法藏緣起説的特色是，認爲不變的真如本體與愚痴妄念這個緣相和合而生起萬物。他在華嚴金師子章中以金、工巧匠和獅子作比喻，説明緣起的理論。「金」即真如本體，「工巧匠」即緣，「獅子」即事物。金與工巧匠和合而産生金獅子。

〔二〕「謂」字下【還註】有「以」字。

此句【勘文】、【顯鈔】均作「以金無自性」。

【還註】喻真理不變也。

【類解】金喻真如，不守自性。

【案】金，比喻本體，法藏華嚴宗以真如或真心㊀爲本體。自性，性，通指現象所固有的永恒不變的本質、本體、本原。自性，指一切事物自身固有的真實不變的本性，約相當於事物的内在的質的規定性。「金無自性」，是説金「不守自性」(淨源解)。雖然金體不會失去自身的清淨本性，但是又要「隨緣成諸事法」(承遷註)。當金體不保持自性時，又可以隨緣，即被工巧匠製作成獅子相。

㊀ 真心和真如有别，然大乘起信論把先天具有所謂佛教功德——真心當作真如。法藏因受大乘起信論的影響，也視真心爲真如。

〔三〕此句【遷註】作「隨巧匠之緣」。

【類解】匠況生滅，隨順妄緣。

【案】隨工巧匠緣，是説隨工巧匠製作之緣，而生起金獅子相。

〔四〕此句【勘文】、【顯鈔】均作「遂有師子起」。

【遷註】喻真理隨緣成諸事法也。

【類解】喻真妄和合，成阿賴耶識。此識有二義：一者覺義，爲淨緣起；二者不覺義，作染緣起。

【案】師子，比喻現象。相，指事物外觀的表相、相狀，卽事物外部的形象狀態，如水的流相，火的焰相，是呈現於人的面前，可以認識和區别的現象。

〔五〕【遷註】結真理不動，動卽事也。金喻一真之性，師子喻緣起事法。理本無生，隨諸緣法成差别相。相起繁興，理卽無生。故清涼（卽澄觀）云：「理隨事變，則一多緣起之無邊。」

【類解】經云：「諸法從緣起，無緣卽不起。」卽理事無礙門，同一緣起也。上句示緣，中句辨起，下句總結。然釋此初章，非獨摭起信申義，亦乃採下文爲準。

【案】起但是緣，是説獅子的製成，只是由於因緣的和合。這就是説，各種事物的生起，一切現象的出現，也都是因緣和合的結果。

【勘文】華嚴遊心法界記云㊀：「又此諸法緣起相由，卽云彼中有此，此中有彼，是卽但得其門，不

㊀「華」，原作「花」，「花」卽「華」字，今改，下同。

關其大緣起義也。」何者？以大緣起法，而定一異不可得相由，而成融通無礙故。且如一中有一切時，即是一切中有一時。今欲定其門說，故知得其門不得其法也。既不得彼法，而言一切中有一，一中有一切者，此但是妄攝，非稱大緣起法也。如人見水向東駃（「駃」，同「快」）流，於上有泡，言泡中有水，而計泡有於手中，即言手中泡內有水者，此是妄心中有，非稱水有也。以泡離水即無，何得有泡？而言泡中有水，是此緣起已壞，不可言有也。夫言一者，必具一切，方是一也。若不具一切，即不是一。一切亦爾。此大緣起法，法爾具足。

【顯鈔】緣者，是能起。能起者，是所起也。謂金無師子自性，隨工巧匠緣起，此所起師子，離能起工巧匠功，無別自性，故云緣起也。問：此所言緣起者，宗家所談無盡緣起法門耶？答：三乘教緣起，亦通小乘，亦非一乘也。問：以何知云然？答：章家所立十門中，前五門且約三乘教立，六、七、八三門約自教說，九、十二門約諸教說。然自宗緣起法門是第七門也。今明三乘教一相緣起也。問：爾者，此中緣者何義耶？答：若分因緣者，雜而爲種，名之爲因；疎而助發，名之爲緣。若通言之，因即是緣也。今緣起者，即因緣緣起也。清涼云：「緣起有二：一因緣緣起，通於事界；二者法性緣起，即事理無礙界。」於此中第一門攝也。謂巧匠或自見師子形貌，或聞他人說，由此見聞力，故於阿賴耶識中熏成種子。由此種子，於意識中忽然記名相事，作意思念，相續運動手足，構鑪涌金，鑄成師子形像。此金無師子自性，從巧匠識心中種子起，故云起；但是緣，故名緣起。此門約三乘教，明諸法無性緣有也。問：此義爲甚深，唯可限大乘教，如彼小乘薩婆多等，未云諸法無性，何故前影似小乘教？答：已云影似未必實，唯如彼數論外道等立自性諦，佛法皆破此見。是故如來最初在於鹿野苑中轉四諦小乘法輪，但說有爲法從緣生，翻破外道自性因等。是故小乘說有皆是緣有也，非如外道性有，但相對大乘，淺深有不同。然佛法中說有，若大若小，或權或實，皆緣起之言，無不攝故，配之，可知。

【總釋】這一段的意思是，闡明世界上的一切事物都是由各種條件和合而生起的道理。由於金體沒有保持自性，隨着工匠精巧製造這個「緣」，遂製造出金獅子的形相。可見，金獅子的形相是靠「緣」生起的，所以叫做「緣起」。

辨色空第二〔一〕

謂師子相虛〔二〕，唯是真金〔三〕。師子不有，金體不無〔四〕，故名色空〔五〕。又復空無自相〔六〕，約色以明〔七〕。不礙幻有〔八〕，名爲色空〔九〕。

校釋

〔一〕【遷註】幻法紛然，真空不動。又：第二辨色空者，色者，悲也；空者，智也。觀色即空成大智，而不住生死；觀空卽色成大悲，而不滯涅槃，能辯之智，煥然明了。

【類解】前明緣起，莫逾色空。幻色俗諦，真空真諦。二諦無礙，唯一中道，故次辨色空也。

【案】辨，辨別。色，梵文 Rūpa 的意譯。就其主要內涵來説，佛教通常把具有以下二方面特徵、性質的東西叫做「色」，一是具有質礙、變壞之義，即有形質、占有一定空間而互爲障礙，並且會變化壞滅；二是具有示現之義，即呈現出來爲人所感觸。指有形質的能使人感觸到的東西，即物質現象。色與心相對，精神現象稱爲心。但是，佛教有時也把部分精神現象稱爲色。色空，是以色爲空。法藏認爲一切物質現象都是因緣和合而構成的，本身並不具有任何質的規定性，是不真實的假相，所以説色空。

〔二〕「謂」字下【還註】有「以」字。

「謂」，【勘文】、【顯鈔】作「以」。

【還註】喻色空也。

【案】師子相虛，是説獅子相是虛幻的，即色是空的。

〔三〕【還註】喻性實也。

【類解】就「謂師子相虛，唯是真金」註云：「幻色之相既虛，真空之性惟實。諸本無虛字，唯五臺（承還）注本有之。」

【案】唯有真金，是説只有金子即本體是真實不虛的。

〔四〕【還註】喻緣起幻色不是實有。又：喻真空常存。

【類解】色相從緣而非有，揀凡夫實色也。空性不變而非無，揀外道斷空也。

【案】這兩句是說，獅子是幻相，不是真有；金是本體，不是虛無。

〔五〕此句【遷註】作「故云色空」。

此句【勘文】作「故色空」。

此句【顯鈔】作「故曰色空」。

【類解】色蘊既爾，諸法例然。大品云：「諸法若不空，即無道無果。」上句雙標色空，次句雙釋，下句雙結。

〔六〕此句【遷註】作「又復空無自性」。

此句【勘文】、【顯鈔】作「又空無自體」。

【案】「空無自性」與「空無自體」意義相通，而都與「空無自相」有別。「自相」疑爲「自性」或「自體」之誤。「空無自體」，指獅子沒有自身的真實本體。這也就是法藏「幻色無體」的觀點。另，學術界也有以「自相」爲是，「空無自相」，謂金體沒有自己的相。

〔七〕【類解】空是真空，不礙於色，則觀空萬行沸騰也。

【案】「約色以明」，是說通過獅子相（「色」）以顯明事物自身的無真實本性。

〔八〕此句【遷註】作「不礙幻存」。

此句【勘文】作「不礙幻存故」。

【案】「幻有」與「幻存」意同。佛教認爲一切客觀存在的事物和現象都是因緣和合而成的假相，本身並不具有任何質的規定性，都不是獨立而真實存在的實體，因此，這種存在只是一種虛幻的存在，稱爲幻有。「不礙幻有」，是説色空並不妨礙獅子相作爲幻有而存在。

〔九〕此句【遷註】作「故名色空」。

此句【勘文】作「故色空」。

此句【顯鈔】作「故云色空」。

【遷註】真空無形，假色相以明。法本亡言，就言詮而顯道。故清涼云：「雖空空絶迹，而義天星像璨然。」

【類解】色是幻色，不礙於空，則涉有一道清淨也。總而辨之，先約性相不變隨緣，以揀斷實；後約不住生死涅槃，以明悲智。

【勘文】華嚴法界觀云（終南山杜順集）：「真空觀第一，理事無礙觀第二，周遍含容觀第三。第一、真空觀門有四：一會色歸空，二明空卽色，三空色無礙，四泯絶無寄。初、會色歸空有四：一、色不卽空，以卽空故。何以故？以色不卽是斷空，故不是空也。以色舉體，是真空也。良由卽是真空，故非斷空，是故言由是空，故不是空也。二、色不卽空，以卽空故。何以故？以青黄之相非是真空之理，故云不卽空。然青黄無體，無不皆空，故云卽空。良以青黄無體之空非卽青黄，故云不卽空也。三、色不卽空，以卽空故。何以故？以空中無色，故不卽空，會色無體，故卽是空。良由會色歸空，空中必無色，是故由色空故，色非空也。上三句以法簡情訖。四、色卽空。何以故？凡是色法，必不異真空，以諸色法必無性故，是故色即是空。如色空既爾，一切法亦然。

第二、明空即色觀，亦有四句：一、空不即色，以空即色故。何以故？斷空不即是色，故云非色；真空必不異色，故云即色。要由真空即色，故令斷空不即色也。二、空不即色，以空即色故。何以故？以空理非青黃故，云〔不〕即色，空故不即色。然非青黃之真空，必不異青黃，故云即色。空故不即色。要由不異青黃故，不即青黃故，不即色也㈠。三、空不即色，以空即色故。何以故？空是所依，非能依，故不即色也。必與能依，作所依，故即是色也。良由是所依，故不即色；是能依，故即是色。是故良由不即色故即色也。上三句以法簡情訖。四、空即是色，何以故？凡是真空，必不異色，以是法無我，理非斷滅故。是故空即色。如空色既爾，一切法皆然。

第三、空色無礙觀者，謂色舉體全是空故，即色即空現。空舉體不異色，全空之色故。即空即色，而空不隱也。是故看色無不見，觀空無非見色，無障無礙，爲一味法也㈡。

㈠ 景雅所引「二、空不即色，以空即色故……不即色也。」宗密註華嚴法界觀門引作「二、空不即色，以空即色故。何以故？以空理非青黃故，云不即色。然不異青黃故，言空即色。要由不異青黃故，不即青黃故，云即色不即色也。」案：宗密所引是。景雅所引有脫文。

㈡ 景雅所引「第三、空色無礙觀者……爲一味法也。」宗密註華嚴法界觀門引作「第三、空色無礙觀，謂色舉體不異空，全是盡色之空故，則色盡而空現。空舉體不異色，全是盡空之色故，則空即色，而空不隱也。是故菩薩看色無不見空，觀空莫非見色，無障無礙，爲一味法。」案：所引義同，而宗密所引更爲準確。

第四、泯絕無寄觀，在謂此所觀真空，不可言卽色不卽色，亦不可言卽空不卽空。一切諸法不可，不可卽不可。此法亦不受，逈絕無寄，非言所及，非解所知，是謂行境界。何以故？以生動念，卽乖法體，失正念故。又前四句中，初二句八門皆簡情題解，第三句一門解隨趣行，此第四句一門正成解體。若不洞明前解，無以躡成此行。若不解此行法，絕於前解，無以成其玄正解。若守解不捨，無以入前正行。是故行由解成，行起解絕。

【顯鈔】此門空前緣起幻有師子相，取不無全㊀體顯真空。依大師般若心經疏，色空相望有其三義：一相違義，以空害色故，若以互存必互亡故；二不相礙義，謂以色是幻色，必不礙空；三相作義，謂若此幻色，不舉體是空，不成幻色。（疏中釋經色空、空色，兩對文故。兩對相對作三釋。今載色空一邊，餘略之。）今章文攝此三義分二句。先言師子相虛等者，約相違義明色空，後言又空無自體等者，約後二義明色空。初中謂師子是相也，金是性也。相者，浮虛爲義。性者，實體爲義。謂本有金體上緣起師子相，無自性故，師子相盡，金體獨現，故云師子相虛，唯是真金。言師子不有，金體不無者，何故直不云無師子有金體，約遮詮顯之耶？答：謂諸愚夫見師子五根燈㊁然，取之爲有，不能見金體（此況著相迷性過）。今遮師子實有執，故云不有（表無相也）。翻不見金體，故云不無（表有真空也）。問：唯云師子相虛，唯是真金，相亡性顯有，何用重言師子不有，金體不無

㊀「全」，疑爲「金」字之誤。
㊁「燈」，疑爲「澄」字之誤。

耶？答：上二句所以也，下二句宗義也。即可謂師子相虛，故師子不有；唯是真金，故金體不無。故無重言過也。言故曰色空者，結成也。謂緣起諸法如師子相，真空妙理如金體。略舉色法，受、想、行、識等亦復如是。次言又空無自體等者，此下正約不相礙義明色空，謂空不自空，約色虛而立，是故此真空中，不礙幻有存，故曰色空。相作義含此中成，略不舉之，思之可見。若配般若經者，上句空中無色句也，下句色卽是空句也。言故云色空者，結成也。

【總釋】這一段法藏是從二方面辨明色空的含義：一是金獅子的形相是緣起而有，是虛幻的，只有製造金獅子的金，即作爲金獅子的實體才是實有的。由於金獅子的形相是「非有」，說明事物現象是空的。「色」不是實有的，叫做「色空」；二是空無自身的真實本性，只有通過物質現象的空來體現，色空並不妨礙虛幻的有，並不是說沒有虛幻的有。也就是說，雖爲色空，但不是斷空，不是離開事物另有空，不是絕對的空，叫做「色空」。要之，所謂相虛幻有，就是色空。關於色空的思想，法藏在修華嚴奧旨妄盡還源觀示三徧門文中對此有較詳細的發揮：「謂塵無自性，卽空也；幻相宛然，卽有也。良由幻色無體，必不異空；真空具德，徹於有表。觀色卽空，成大智而不住生死；觀空卽色，成大悲而不住涅槃。以色空無二，悲智不殊，方爲真實也。實性論云：『道前菩薩，於此真空妙有，猶有三疑：一者，疑空滅色，取斷滅空；二者，疑空異色，取色外空；三者，疑空是物，取空爲有。』今此釋云：色是幻色，必不礙空；空是真空，必不礙色。若礙於色，卽是斷空；若礙於空，卽是實色。」

約三性第三〔一〕

師子情有〔二〕，名爲徧計〔三〕。師子似有，名曰依他〔四〕。金性不變，故號圓成〔五〕。

校釋

〔一〕【還註】迷之名相，悟之卽真。又：第三約三性者，迷心所執，計有相生，以爲實者，謂之徧計性也。不了緣生，依他性也。依他無性，卽是圓成。隨舉一法，三性具矣。

【類解】空宗，俗諦明有，卽徧計、依他也；真諦明空，卽圓成實性也。故次第三約三性也。

【案】約，按照的意思。三性，指攝大乘論中的徧計所執性、依他起性和圓成實性。所謂徧計所執性，徧計是周徧計度的意思。這是説，凡夫出於世俗觀念的驅使，把種種事物周徧計度爲真實存在着的東西，而實際上這種徧計所執的存在是「無自性」的、空無所有的虛假現象，所以是一種虛妄的執著。這也就是把相當於所謂人們的錯誤成見稱爲徧計所執性。所謂依他起性，「他」指因緣條件依他起就是依種種因緣條件而生起，因而是虛假的。這也就是指現象世界。所謂圓成實性，圓成實是圓滿、成就、真實的意思。圓成實性就是圓滿成就的真實性，也叫真如、法性，也卽所謂一切事物的本性、本體，是真實的。佛教常以蛇、繩、蔴作比喻説明三性。比如，夜間見到繩以爲蛇，實際上繩並没有蛇的實體，只是妄情迷執以爲是蛇，是徧計所執性。繩由蔴等種種因緣編織而成，是依他起性。繩的實性是蔴，是圓成實性。三性的理論，是佛教唯識宗概括分析世界萬物的重要觀點，是講世界萬物怎樣形成，甚麼是客觀事物的真實性，以及虛假的現實世界和絕對真實的本體世界的關係問題；在宗教實踐上就是如何由世俗世界進到佛教最高境界的問題，即要去掉偏計所執性，領悟依他起性，體證萬物真實本性——空。約三性，就三性說而論。

〔二〕「師子」前【還註】有「謂以」兩字。

〔三〕【還註】謂一切衆生無始已來，煩惱業習癡迷不了，周遍計度心外有法。顛倒取捨，隨情起惑。自纏自縛，枉受輪迴。

【類解】謂妄情於我及一切法周偏計度，一一執爲實有，如癡孩，鏡中見人面像，執爲有命質礙肉骨等，故云情有也。

【案】情有，即妄執爲有。是指所謂凡夫「妄情於我及一切法周偏計度，一一執爲實有」（淨源解），不懂得一切事物只是作爲緣起幻有而存在。這裡指以虛幻的獅子相爲真有。名爲偏計，是說情有這種錯誤認識和執著，叫做偏計所執性。

〔四〕此段後四句【勘文】、【顯鈔】作「金性不變，號曰圓成。金師子似有，稱曰依他。」案：此將「依他」放在「圓成」之後，金師子章光顯鈔在註釋中作了說明。

【還註】謂一切衆生依真起妄，似有之法，妄執依他，內外不實，故論云：「依他起自性，分別緣所生。」

【類解】此所執法，依他衆緣，相應而起，都無自性，唯是虛相。如鏡中影，故云似有也。

【案】似有，是指有相。一切現象表相是有，實體是無。如金獅子相是有，但它是依衆緣而起，並沒有自性，「唯是虛相」、幻相，所以叫似有。這也叫做依他起性。

〔五〕

【還註】圓而不減，成而不增，師子雖則相殊，金且不隨殊變。釋曰，法與自心爲緣，心法方起。今了緣無體，依心方現，無自體性，是爲依他無自生性。由二義現前，乃爲圓成勝義性也。經云：「從無住本，立一切法。」

【類解】本覺真心，始覺顯現，圓滿成就，真實常住，如鏡之明，故云不變。有本作「不改」，亦通。上文依空宗申義，蓋躡前起後也。此章引性宗消㊀文，亦以喻釋喻也。若依教義章明三性各有二義，徧計所執性有二義：一情有，二理無；依他起性有二義：一似有，二無性；圓成實性有二義：一不變，二隨緣。今文各顯初一，皆隱第二，仰推祖意，單複抗行，義有在焉。

【案】金性，卽金體。　金性不變，金體恒常不變，卽真如本體圓滿真實、永遠不變。　圓成，卽圓成實性。

【勘文】五教章中云：「三性各有㊁二義。真中二義㊂者，一不變義，二隨緣義。依他二義者，一似有義，二無性義。所執二義㊃者，一情有義，二理無義。由真中㊄不變，依他無性，所執〔理〕無，由

㊀「消」，疑爲「銷」，釋也。

㊁、㊂、㊃、㊄均據華嚴五教章補。

此三義故，三性一際，同無異也。此卽不壞末而常本也。經云：『衆生卽涅槃，不〔復〕更滅也。』又約真如隨緣，依他似有，所執情有，由此三義，亦無異也。此卽不動本而常末也。經云：『法身流轉五道，名〔曰〕衆生〔也〕』。卽由此三義與前三義是不一門也。是故真該妄末，妄徹真源，性相通融，無障無礙。

問：依他似有等，豈同所執是情有耶？答：由二義故，故無異也。一、以彼所執執似爲實，故無異法；二、若離所執，似無起故。真中隨緣，當知亦爾，以無所執無隨緣故。問：如何三性各有二義，不相違耶？答：以二義無異性故。何者無異？且㊀如圓成，雖復隨緣成於染淨，而恒不失自性清淨。只由不失自性清淨，故能隨緣成染淨也。猶如明鏡現於染淨，雖現染淨，而恒不失鏡之明淨。只由不失鏡明淨故，方能現於染淨之相。以現染淨，知鏡明淨；以鏡明淨，知現染淨。是故二義唯是一性，雖現淨法，不增鏡明；雖現染法，不污鏡淨。非直不污，亦乃㊁由此反顯鏡之明淨。當知真如道理亦爾。非直不動，性淨〔成於染淨，亦乃由成染淨，方顯性淨。〕非直不壞，〔染〕淨明於性淨，亦乃由性淨，故方成染淨。是故二義全體相收，一性無二，豈相違耶㊂？依他中，雖復因緣似有顯現，然此似有必無自性，以諸緣生皆無性故。若非無性，卽不藉緣。不藉緣故，卽非似有。似有若

㊀「且」，原作「但」，據華嚴五教章改。
㊁「乃」，原作「及」，據華嚴五教章改。
㊂「耶」，原作「也」，據華嚴五教章改。

成，必從衆緣。從衆緣故，必無自性。是故由無自性得成似有，由成似有，是故無性。故智論云：『觀一切法從因緣生，從因緣生卽無自性，無自性故則畢竟空。畢竟空者，是名般若波羅蜜。』此卽由緣生故，卽明無性也。中論云：『以有空義故，一切法得成』者，此卽由無性故，卽明緣生也。涅槃經云：『因緣故有，無性故空。』此卽無性卽因緣，因緣卽無性，是不二法門也。故非直二義性不相違，亦乃全體〔相收，畢竟無二也。〕所執性中者，雖復當情稱執現有，然於道理畢竟是無，以於〔無〕處横計有故。如於木杌横見有鬼，然鬼於木畢竟無。如無木鬼非無者，卽不得名横計有鬼，以於木有非由計故。今既横計，明知理無；由理無故，得成横計；成横計故，方知理無；是故無二唯一性也。當知所執道理亦爾。」

又云：「三性一際，〔舉一〕全收，真妄互融，性無障礙。如攝論『婆羅門問經中言，世尊，依何義說如此㈠言：如來不見生死，不見涅槃。於依他中，依㈡分別性及依㈢真實性，生死爲涅槃，依無差別義。何以故？此依他性由分別性一分成生死，由真實一分成涅槃。釋曰：依他性非生死，由此性因真實性成涅槃㈣，此性非涅槃。何以故？此性由分別一分卽是生死故，是故不可定說一分。若見一分，餘分性不異，是故不見生死，亦不見涅槃。由此意故，如來答婆羅門如此。』又云：『阿毘達磨修

㈠「此」，原作「是」，據梁真諦譯攝大乘論釋改。
㈡、㈢「依」，據攝大乘論釋補。
㈣「槃」下原有「故」字，據攝大乘論釋删。

多羅中，世尊説法有三種：一染污分，二清淨分，三染污清淨分。依何義説此三分？於依他性中，分別性爲染污分，真實性爲清淨分，依他性爲染污清淨分，依如此義，故説三分。釋曰，阿毘達磨修多羅中，説分別性以煩惱爲性，真實性以清淨品爲性。依他性由具兩分，以二性爲性㊀故，説法有三種，一煩惱爲分，二清淨爲分，三二法爲分，依此義故作「此」㊁説」「也」。此上論文，又明真該妄末，相無不攝，妄徹真源，體無不寂。真妄交徹，二分雙融，無礙全攝，思之可見。」

【顯鈔】三性者，一遍計所執性，二依他起性，三圓成實性也。釋名字者，香象大師釋云：「一分別性，亦名遍計所執性也。言分別性者，謂虚妄心構畫計度，不稱境故，名爲分別，就能爲名。又此妄心於所執境遍計著故，名遍計所執性。非遍計心所執存境，名遍計性。此約能所合爲名也。」二依他起性，文釋云：「依他起性者，亦名緣起性。依分別他始得有，故名依他性。三圓成實性者，圓滿成就諸法實性，故以爲名。今約金師子上論此三性不同。如第二色空門云：師子不有，金體不無。然愚夫取不有師子爲實有，不見不無金體。見師子爲遍計所執，妄情前有，理實無故。愚夫見師子時，金體更無變易，指之爲圓成實性。然此所執師子，執依他似有爲實，故指此似有爲依他起性。依宗家，三性各有二義。故意章（案：應爲教義章）主三性義云：一性各有二義。真中二者，一不變義，二隨緣義。依他二義者，一似有義，二無性義。所執二義者，一情有義，二理無義。由

㊀「二性爲性」，原作「一性」，據華嚴五教章改。
㊁「此」，原作「是」，據攝大乘論釋改。

真不變，依他無性，所執理無。由此三義故，三性一際，同無異也。此即不壞末而常本也。經云：『衆生即涅槃，不更滅』也。又約真如隨緣，依他似有，所執情有。由此三義亦無異也。此即不動本而常末也。經云：『法身流轉五道，名衆生』㊀故也。即由此三義與前三義是不一門也。是故真該妄末，妄徹真源，性相通融，無障無礙。」此中於同異二義中，圓成取不變，遍計、依他取情有、似有義。約本末非一門，於師子上論三性異也。

問：同見師子爲有，何故遍計云情有，依他云似有？答：雖同見爲有，有似實不同。謂妄心計著執爲實，見之生怖畏，此云情有。知緣起非實，無怖畏，此云似有。問：依他起法，假衆緣生，故餘處云假有，今異彼云似有，有差別耶否？答：有差別。謂真如直似事法，名之爲似有，即真如隨緣義也。更顧因緣，名之爲假有。未必開隨緣義，是故假有言通權實二教，似有言唯限終教。權教翻小乘緣生實有執，故云假有。實教亦寄權教，故云假有。或其體虛假，故云假有。或翻小乘等，故云假有。此假實一對也。似有者，終教約本末二門，以三性歸一際時，依他立似有無性二義。無性是真理，似有是緣起法。即無性與真如不變義一際，似有與真如隨緣義一際也。即無性是能隨體，似有是所隨諸法也。良以真理無相，似相而現，指之云似有。即楞伽所說不思議熏。不思議反義也，此義唯實教大乘所談，非權教所說。今顯無性真理上隨緣似有義，故云似有。此真似一對也。問：爾者遍計情有，又與真如隨緣義一際也，不可通權教，如何？答：雖取有門一義成一際

㊀此句華嚴五教章爲「名曰衆生」。

義，彼妄法，此緣法彼無淨分，此有淨分，不可例也。又假有者，名義俱通。似有者，名通義局。何者？内外相對言之。外道立自性諦，小乘説緣生假義，明知小乘説有，是假有也。雖然，小乘中説緣生以爲實有。如探玄記云：「初破外道自性等故，説緣生法定是實有。」如是非一。此翻外道自性諦，唯於緣生門中作是説也。是故假有言名通大小權實，義亦通實有，故云名義俱通。似有言名濫假有，故云名通；義限實教真如隨緣義，故云義局。有此不同也。依此義故，章主釋三性義中處處用似有言，甚有深意也。問：假似二義何别耶？答：雖諸緣不具，有人假住，如荒舍等，名可爲假舍。雖諸緣具足，無假住義，如蜃樓等，名可爲似舍。准喻思之。

問：三性俱有二義，何故此文中遍計、依他不取理無、無性義，舉情有㊀似有義，圓成不取隨緣義，出不變義耶？答：於三性門中，就本末非一門顯金師子性相也。依非異門一邊可出之。若爾者，或唯真或唯妄，無由顯示三性道理。問：就非一門顯性相方如何？答：約遍計理無，依他無性，圓成不變，三性一際，同無異也。唯名爲不變真如理，何有三異？又約遍計情有，依他似有，真如隨緣，三性一際，同無異也。唯名爲生滅有爲法，更無三異也。今約三性門明不同。謂金是性，如圓成不變。師子是相，如遍計情有。金師子立，如依他似有。於相門中有二種，一遍計情有，二依他緣有。三性差别，義理具足也。若圓成取隨緣，與餘二性無差别，不得顯示性相。問：爾者遍計、依他，同取有義，可雜亂耶？答：遍計虚妄執爲有。依他緣有，假衆緣生。有此不同也。問：爾者

㊀「情有」，原作「有情」，今改。

真如雖取隨緣義，三性可差㊀別成如何？答：如前重説，約金師子性相差別門，爲顯真妄不同也。若圓成不取不變者，約譬説者，唯顯師子相，無由顯金性。約所顯法者，唯成以本歸末一際，不得以末歸本一門。問：爾者，如今所説者，三性二義中，真如遂隱隨緣義，餘二性亦無無性、理無義耶？若無此義者，何爲終教甚深義耶？答：云顯性相本意有此也，餘二説離真不立故，説圓成不變，即攝二性本義也。（遍計理無，依他無性，此爲本義也。）二性末義，（遍計情有，依他似有，此爲末義也。）與真如隨緣義無差別故。出二性末義，攝真如隨緣義。二處綺顯，文甚巧也。問：同是末義也，何故不出圓成末義，攝二性末義？又同是本義也，何故不出二性本義，攝圓成本義耶？答：末義有二種，一情有，二似有，舉二義攝隨緣一義也。本義唯一理故，舉圓成一義，攝二性本義也。又三性中，圓成是本，故就本義取之；二性是末，故就末義明之。如上説，三性義具足也。問：爾者非異門時，以本歸末，同取二性上有義，成一際義如何？答：雖情有似有不同，同是執有，故爲一際，成非異義。今欲分三性差別，故不例也。

問：今所列三性，不次第，若依唯識等，可列遍計、依他、圓成㊁。若依宗家三性義等所立，可列圓成、依他、遍計。今列遍計、圓成、依他有何義耶？答：順義便故，謂先出生滅，轉識分別，如不知金，妄作師子實有，執名遍計。次舉不生滅真性，如知師子相空，唯見不變金性，此曰圓成。次生滅不生

㊀「可差」，原作「差可」，今改。
㊁「成」，據文義補。

滅和合成阿賴耶識，如知金師子因緣似有，是云依他。是故出遍計體，唯云師子，無金字；出圓成體，云金性，簡師子相；出依他體，雙云金師子，即此義也。如下十玄門中說，此師子用表無明，託此金體，具彰真性，二事合説況阿賴耶識等。如次配三性，謂此師子等爲遍計，託此金體等爲圓成，二事合説等爲依他。順此義便故，次第如此。問：十玄中云，此師子用表無明，今何故釋遍計，以師子配妄心耶？答：下文中，就師子唯取生滅義故，無明是生滅本，故配此，非無妄心。此門明三性，然遍計性是妄心分別爲本，故出心，非無無明也。思之可見。

【總釋】這一段是按照三性説來講金獅子。意思是，對於金獅子存在迷情之見，把實際上没有實體的金獅子執著爲實有，叫做偏計所執性；金獅子不是實有，不是真有。但是，由於因緣和合而起，金獅子的表相還是有的，這種有是似有，叫做依他起性；金獅子雖然是似有，但是造成金獅子的金的本性是不變不改的，是圓滿成就真實的，叫做圓成實性。這是以金獅子爲例，説明把世界萬物看爲客觀存在是錯誤的，萬物是依各種條件而起的、没有自性的形相——似有，只有萬物的本體是恒常不變、圓滿真實的。

顯無相第四〔一〕

謂以金收師子盡〔二〕，金外更無師子相可得〔三〕，故名無相〔四〕。

校釋

〔一〕【遷註】相卽無相，非相卽相。又：第四顯無相者，不了諸法而無相，迷心爲有者，生死也。觀察卽虛相，卽無相，出世法也。【類解】偏計情有理無，依他相有性無，圓成理有情無，性有相無，故次第四顯無相也。【案】顯，顯示。　無相，獅子相是緣起而沒有自性，是虛相，叫做無相。

〔二〕此句【勘文】、【顯鈔】作「以金收師子」。【遷註】喻理奪事。【類解】既攬真金而成師子，遂令師子諸相皆盡。【案】金收師子盡，是說金體收容一切師子相。

〔三〕此句【遷註】無「相」字。【遷註】喻緣起事法，當體本虛。【類解】真金，理也；師子，事也。亦同終南（卽杜順，又名法順）云：「以離真理外，無片事可得。」【案】金外更無師子相可得，是說獅子相由金體生起，金體收盡一切獅子相，金體以外並沒有獅子相。

〔四〕【遷註】離真理外，無片事可得故；如水奪波，波無不盡故。此則水存以壞波令盡。故經云：「所見不可見，所聞不可聞，了知諸世間，是名爲無相。」

【類解】名號品云：「達無相法，住於佛住。」無量義經云：「其一法者，所謂無相。」然名號品約果，無量義約理。理果雖殊，無相一也。

【勘文】華嚴五教止觀云（終南山杜順記）：「第二無相觀者，相卽無相也。何以故？法離相故。經云：『法離於相，無所緣故。』又經云：『一切皆空，無有毫末相。』空無㊀有分別，由如虛空有門論云：『無性法亦無，一切皆空故。』觀如是法，離情執故，故名爲觀。」

【顯鈔】前三性門明性相差別，此門拂差別相也。謂師子諸根差別爲相，無差別金爲性。以金性收師子相，毛孔諸根，悉無非金處，故云更無師子相可得。問：相翻此門意，以師子收金，師子外更無金性可得，故可云爲無性耶？答：金是自性也，不可云無。師子是緣起相，有起滅不同。例如立真如生滅二門時，真如不起法，故不必由起立。生滅起動門，故必賴不起。金者，真如門，有不起義。師子者，生滅門，有起義。金不必依師子立，師子必依金成。是故不可例，義准可知。

【總釋】這一段的意思是說明沒有獅子相。金獅子由金體生起，金體能够收容攝入獅子的一切相，所以金體以外並沒有金獅子相。也就是說，世界上的一切事物都是本體的體現，一切事物都最終爲本體所攝入收盡，歸結爲本體，所以本體以外的一切現象都是虛幻不實的，叫做無相。另外，法藏在華嚴義海百門緣生會寂門第一說：「觀無相者，如一小塵圓小之相，是自心變起，假立

㊀「無」，據華嚴五教止觀補。

無實。今取不得，則知塵相虛無，從心所生，了無自性，名爲無相。」這裡講事物的形相，是衆生自心的産物，事物是無自性的，無相的。

說無生第五〔一〕

謂正見師子生時，但是金生〔二〕，金外更無一物〔三〕。師子雖有生滅，金體本無增減〔四〕，故曰無生〔五〕。

校釋

〔一〕此題【勘文】作「五說無性者」。案：「無性」應爲「無生」。

【還註】無生之生，生卽無生。又：五說無生者，法本無生，從緣有故，既無自體，生而無生。

【類解】前之四門，真俗有無，皆成對待。今此一門，唯辨妙性本無增減，故第五說無生。

【案】說，說明。　無生，佛教認爲真如本體是無生無滅、湛然常存的。上面講的「無相」，是就形相的角度講一切現象都是無形相的，這裡講「無生」，是就生滅的角度講變現現象的本體是無生滅的，由此進而說明現象也是無生的。

〔二〕「謂」字下【還註】有「以」字。

此二句【勘文】、【顯鈔】無「謂」字，「但是」作「祇是」。

【遷註】喻真理隨緣，成諸事法。

【類解】上句妄法隨緣，下句真性不變。偈云：「如金作指環，展轉無差別。」

【案】謂正見師子生時，但是金生，是説當看見金獅子相造成時，實際上它只是金體所生起，是緣生。也就是説現象只是本體的變現。

〔三〕【遷註】離真理之外無別事相，染淨之法，因緣有故，體性本虛，無生生也。

【類解】離不變之性，無隨緣之相。問明品云：「未曾有一法，得入於法性。」

〔四〕下句【勘文】和【顯鈔】作「以金無增減故」。

【遷註】無生之理，本無生滅，緣起集成，生本無生。

【類解】成事似生，而金性不增，則起唯法起也。體空似滅，而金性不減，則滅唯法滅也。

【案】生滅，佛教認爲依因緣和合而産生的事物是生，依因緣離散而使事物歸於無是滅。獅子雖有生滅，金體本無增減，是説金獅子雖然有生起和消滅，但是生起獅子的金體並没有增加減少，是永恒不變的。

〔五〕此句【勘文】、【顯鈔】作「曰無生」。

【遷註】今由緣生，非生方得名生，了生死性，乃是無生。論云：「因不自生，緣生故；緣不自生，因生故。」然生與無生互成互奪，奪則無生，成乃緣生。由卽成卽奪，是故生時無生。如是了者，名達無生。

【類解】大經云：「蘊性不可滅，是故說無生。」又云：「空故不可滅，此是無生義。」疏云：「無生爲佛法體。」諸經論中皆詮無生之理。楞伽說一切法不生。中論不生爲論宗體。

【勘文】（華嚴五教止觀）又云：「言無生觀者，法無自性，相由故生。生㊀非實有，是卽㊁爲空。空無毫末，故曰無生。經云：『因緣故有，無性故空。』解云，無性卽因緣，因緣卽無性。又中論云：『以空有義故，一切法㊂得成。』又經云：『若一切法不空者，卽無道無果』等。」

【顯鈔】前拂相猶歸性，相卽無相也。已見師子相已，次知無相。此門知師子本不生，何爲無相觀所緣耶？言正見師子生時者，言（考：言恐見）言通能見所見。謂有人別別見師子諸根時，只是金，非別有諸根。指此位名生時，謂先見眼，是金也。次見耳，是金也。如此准知。次約所見者，謂巧匠造作師子時，先修治眼，眼生是金也。次耳等亦如是，金外更無一物。言師子雖有生滅等者，如上，知正見師子生，唯金生，更無餘物時，名師子滅。廢金體，唯見師子相時，名師子生。雖所作師子有生滅，金體更無增減，明知師子無生也。問：何故師子云生滅，金云增減耶？答：此顯師子與金無別體也。謂金異師子者，師子生時，金可增，金極微上，師子極微可增故。師子滅時，金可滅，金極微上，師子極微可減故。然無此義。明知金體上，師子相本不生，卽成無生義也。是故若云

㊀「生」，據華嚴五教止觀補。

㊁「卽」，華嚴五教止觀作「則」。

㊂「法」，據華嚴五教止觀補。

師子雖生滅，金體不生滅者，金與師子，無別義不成。即如實教中，生滅不生滅二分和合，成阿賴耶識。此亦如是。生滅師子，不生滅金，二分義成。何一向成師子無生義耶？當知本有金體，反似師子相，名師子生。是時金體上有無增義。正見爲金時，師子上有滅義，金上有無減義。明知金體外無別物也。問：已云師子生時，何云無一物？答：約似說師子生，約實說金生。以實推似，金外無一物也。問：此所言生滅者，非剎那生滅耶？答：不然，已就師子說生滅，師子無實體故，不可有生滅義，唯別約能見所見作用說。（能見所見義如上釋。）言以金無增減故曰無生者，因前成無生義。謂金有增減者，師子體可有，然無增減，故知金不作師子，本自無生。是知金體即師子無生性也。問：師子云有生滅，金云無增減，若以金爲師子無生性者，師子滅時，金可滅，爾者何云無生性耶？答：以金無增減㊀故，知師子無生。若成此義已者，金體一現，金上具不生不滅不斷不常等種種無變易義，故云無增減也。此無變易性，即無生甚深理，即師子真性也。若師子滅時金滅者，即斷滅空，非真空。問：前云，金不可云不生滅，今何故云有八不義耶？答：前金與師子相對，成金即師子之性義時，有此一重義，既師子不存，金體一現位，何云無增減耶！當知所喻金者，即無生真理。所具無增減義者，轉絶四句，具八不無相不生義也。」

【總釋】這一段意思是說，金獅子有生，但是金獅子是由金體而生起的，金體以外並不存在包括金獅子在內的一切東西。金獅子有生滅，但是金體是無增減的，是無生的。這也就是說，事物的有

㊀「減」原作「滅」，據文義改。

生，」是「成乃緣生」（承遷註），「成事似生」（淨源解），並且由於生起事物的本體是無生的，「此無變現性，卽無生甚深理，卽師子真性也。」（高辨釋）所以，獅子是有生又是無生。另外，法藏在華嚴義海百門緣生會寂門第一中對無生的解釋則與這個解釋稍有差異，文說：「達無生者，謂塵是心緣，心是塵因。因緣和合，幻相方生。由從緣生，必無自性。何以故？今塵不自緣，必待於心，心不自心，亦待於緣。由相待故，則無定屬緣生。以無定屬緣生，則名無生。非去緣生，說無生也。」又說：「塵是自心現。由自心現，卽與自心爲緣。由緣現前，心法方起。」「塵」，指萬物，佛教認爲事物是染污真性的，稱爲「塵」。「心法」，相當於心理現象。意思是講，外界客觀事物和衆生主觀的心相對，萬物是心生起幻相的輔助條件，心是生起萬物的主要條件。只有萬物和心相待才能生起幻相。由於萬物和心和合才生起幻相，產生各種心理現象，所以是緣生。緣生，就說明是不確定、無定、無自性的。這種緣生無定，叫做無生。這和華嚴金師子章就事物的幻有，本體的無增減生滅講無生，在側重點上有所不同。

論五教第六〔一〕

一、師子雖是因緣之法，念念生滅〔二〕，實無師子相可得〔三〕，名愚法聲聞教〔四〕。

二、卽此緣生之法〔五〕，各無自性，徹底唯空〔六〕，名大乘始教〔七〕。

三、雖復徹底唯空，不礙幻有宛然〔八〕。緣生假有，二相雙存〔九〕，名大乘終教〔一〇〕。

四、卽此二相，互奪兩亡〔一一〕，情僞不存〔一二〕，俱無有力，空有雙泯〔一三〕，名言路絶，棲心無寄〔一四〕，名大乘頓教〔一五〕。

五、卽此情盡體露之法，混成一塊〔一六〕，繁興大用，起必全真〔一七〕；萬象紛然，參而不雜〔一八〕。一切卽一，皆同無性〔一九〕；一卽一切，因果歷然〔二〇〕。力用相收，卷舒自在〔二一〕，名一乘圓教〔二二〕。

校釋

〔一〕【遷註】根器不同，設教有異。又：第六論五教，一聲聞教，二大乘始教，三大乘終教，四大乘頓教，五一乘圓㊀教。

【類解】夫妙性無生，超羣數而絶朕，然機緣有感，逐根性以類分，故次第六論五教也。

【勘文】六論五教者，探玄記一云：「第九以義分教，教類有五，此就義分，非約時事。一小乘教，二大乘教，三終教，四頓教，五圓教。」

【案】論，論述。　五教，五種教相、教判，此指小乘教、大乘始教、終教、頓教和圓教。　論五教，是法藏論述華嚴宗的判教主張。所謂判教，是「教相判釋」的意思，卽按照本宗的理論體系，判別、

㊀「圓」，原誤作「圖」。

判定各類佛教經典的意義和地位，從而既調和佛教内部的不同説法，又把本宗置於各派之上。

〔二〕以上二句【遷註】作「第一聲聞教，謂此師子雖是緣生之法，念念生滅」。以上二句【勘文】、【顯鈔】作「此金師子唯是因緣之法，念念生滅」。案：「唯」，當作「雖」。

【遷註】喻一切事法從緣有，故各無自性，無有停息。

【類解】以師子屬乎緣生，原人論辨小乘教，亦云：「從無始來，因緣力故，念念生滅，相續無窮。」

【案】法，梵文是Dharma（達磨），意思是「任持自性，軌生物解」，即任何一種事物都具有自身特有的性質和相狀，有其一定的軌則，人們看到了便可以產生是何物的了解。所以，佛教把一切事物都叫做法。所謂諸法、萬法、一切法，就是指包括物質現象和精神現象在内的一切事物。法的另一涵義是佛所講的教義。佛教認爲佛的教義也具有「任持自性，軌生物解」的作用，所以，也叫做法。這裡講的「因緣之法」，是説獅子是因緣（條件）和合而成的東西。　念念，念，一刹那。念念，極短暫的時間。無量義經説：「諸法本來空寂，代謝不住，念念生滅。」維摩詰經方便品説：「是身如電，念念不住。」　「念念生滅」，時時刻刻處在生滅過程中。

〔三〕此句【遷註】、【勘文】、【顯鈔】無「相」字。

【類解】論次云：「凡愚不覺，執之爲實。」

〔四〕此句【遷註】作「故名聲聞教」。

【遷註】横計一切境界實有自體，但證人空，不了法空。

【類解】因説「四諦」(案:指苦、集、滅、道四個佛教基本道理)而悟解,故號「聲聞」。卽除我執,未達法空,故名「愚法」。有本作「愚人法名聲聞教」。然此一教,下攝人天,由深必收淺故。上該緣覺,以其理果同故。例如約人辨藏,唯出聲聞藏耳。

【案】愚法聲聞教,卽小乘教。法藏認爲,小乘教只知道獅子相是因緣和合而成,處在念念生滅過程中,不可實得;還不了解獅子相本質上就是不存在的,就是空的道理,所以叫它爲「愚法」。小乘佛教徒是由於聽聞佛的聲教而得道果的稱爲「聲聞」,被認爲是佛道中最下根(根,根器、根機),成就道果稟賦最差的下等修道者。勝鬘寶窟:「聲聞者,下根從教立名,聲者,教也。」法藏所講的愚法聲聞,是指四阿含經,毘曇、成實、俱舍和婆沙等論的教義。

【顯鈔】第六約師子論自宗所立五教。五教者,一小乘教,二大乘始教,三大乘終教,四頓教,五圓教也。於此中先釋小乘教。言此金師子者,出體。言唯是因緣之法念念生滅者,成有爲義。言實無師子可得者,示生空義。問:就成有爲義中,小乘立六因四緣,此金師子從幾因緣生耶?答:六因中,從能作因,俱有因,同類因生。非異熟無記,除異熟因。非染行,除遍行因。非心心所,除相應因。於四緣中,由因緣、增上二緣生。非能緣故,除所緣緣。非心等引生,無等無間緣。依此因緣所生,士用、等流、增上果也。地、水、火、風、色、香、味、觸八事俱生,刹那刹那生滅相續,故云因緣之法念念生滅。言實無師子可得者,謂此因緣所生體中,衆多極微,念念生滅,更無有主宰故。無師子立,謂於五蘊相續假形中,無有我人,猶如於此因緣法中,師子不立。爲無我智,成所證故,是名人空。擇力所得滅故，名擇滅無爲言名愚法聲聞教者，結成也。聲聞有二種：一愚法聲聞，二不愚法聲聞。愚法聲聞者，俱舍、婆沙㊀等所立聲聞法是也。大愚法者，瑜伽、唯識等所説聲聞法也。此三乘教中，聲聞乘也。所斷所證等，一一有不同。愚法二乘，在火宅諸子中，三車中羊鹿車爲之所授也。故知三乘教中，二乘名不愚法也。但開合門別，是卽開門也。依合門者，互相攝可准知問：有愚法、不愚法二種，今何故就愚法明小義耶？答：是小乘本故，不愚法是三乘教中二乘故，不出之。問：於小乘中有聲聞、獨覺二人，今何出聲聞，不取獨覺耶？答：利鈍雖殊，二人俱唯斷我執，唯證生空，果成羅漢，入滅不殊，是故舉聲聞攝獨覺也。問：等是小乘，何故舉緣覺，不攝聲聞耶？答：以緣覺出無佛世無教故；聲聞不爾，故偏舉之。例如聲聞、菩薩二藏中，偏名聲聞藏可知。

【總釋】這一整句是評論小乘佛教，雖然懂得金獅子是因緣和合而成的事物，處在念念生滅的過程中，没有實有的獅子相可以執著，但是還不了解一切事物本身就是性空的道理，這叫做愚法聲聞教。

〔五〕此句【還註】作「第二大乘始教者，謂此師子緣生之法」。

【類解】躡前起後也。初文師子二字，亦通此用，下三皆然。

【案】緣生之法，即因緣和合而生成的事物。此指金獅子。

㊀「沙」，原作「娑」，今改。

〔六〕下句【顯鈔】作「徹底性空」。

【類解】始自形骸之色，思慮之心，終至佛果一切種智，皆無自性。徹於有表，唯是真空，以色性自空，非色滅空也。

【案】徹底唯空，即真性本空，事物的本體和現象都空。

〔七〕【類解】始，初也。大品云：「空是大乘之初門。」此教有二：一始教，亦名分教。今但標始教者，以深密第二第三時教，同許定性無性俱不成佛。故今合之，唯言始教耳。

【案】乘，含義是運載、運度。大乘，梵文Mahāyāna（摩訶衍那）的意譯，即大乘佛教。公元一世紀時，由佛教大衆部的一些支派演變而成。它和標榜「自我解脱」的小乘不同，標榜「救渡一切衆生」，它宣揚這種教義能「運載」衆多的人，從現實世界的「此岸」，到達涅槃境界的「彼岸」，故稱爲「大乘」，並把只求「自我解脱」的早期佛教貶稱爲「小乘」。法藏認爲，那種主張獅子相待緣而起，没有自性，徹底唯空的教派，是大乘始教。也就是指般若經、中論、百論和十二門論等經論的教義。

【遷註】對整句註云：喻師子無體，全假真金，成工匠緣，師子相顯。

【勘文】對整句註云：探玄記云：「始教者，以深密經中第二第三時教，同許定性二乘俱不成佛故，今合之總爲一教，此既未㊀盡大乘法理，是故立爲大乘始教。」五章云：「以空門爲始。」

㊀「未」，原作「末」，據文義改。

【顯鈔】對整句註云：言卽此緣生之法者，指上小乘所說六因四緣所生法也。問：若然者，何故不云因緣生之法？答：依薩婆多意釋此文者，言緣生者，總舉緣攝因也。謂於四緣中攝六因。清涼云：「別則因親緣疎，通則因卽是緣。」故俱舍中四緣攝六因。論云：「說有四種緣，因緣五因性，等無間非後，心心所已生，所緣一切法，增上卽能作。」是故云緣生攝因也。或云，於小乘中經部等宗，不許六因。薩婆多部說六因，然四緣諸部多許之。前約有部，云因緣之法，今約共許緣說故，云緣生之法。或云，大乘中亦有舉緣攝因義，如演義抄云：「唯識論亦攝十因，以爲四緣。」（可見唯識論第八。）是又舉緣攝因也。或云，上言因緣之法者，因字不必六因，唯廣指緣生法，如十二門論觀因緣門頌曰：「衆緣所生法，是卽無自性。」論長行釋曰：「衆緣所生法有二種，一者內，二者外。衆緣亦有二種，一者內，二者外。外㊀因緣者，如泥團、輪、繩、陶師等和合，故有瓶生。」「內因緣者，所謂無明、行、識等乃至各各先因而後生。如是內外諸法，皆從衆緣生。從衆緣生故，卽是無性。」㊁已題觀因緣門，頌衆緣所生法，緣外別不分因。十二因緣等，皆依前支爲因，生後支，立因緣及所生法，如此文證。諸論非一，准之云緣生之法也，故云緣生。因緣義，皆究竟也。故立諸因，立諸緣，皆可攝此中。經部等宗，不立因亦可攝此中。大小相對，雖有淺深，云卽此緣生之法，卽指上因緣生。如是內外諸法，皆從衆緣生。從衆緣生故，卽非是無性耶？」

㊀「外」，原作「云」，據下文改。

㊁此句引文，金陵刻經處本爲：「內因緣者，所謂無明、行、識、名、色、六入、觸、受、愛、取、有、生、老死，各各先因而後生。如是內外諸法，皆從衆緣生。從衆緣生故，卽非是無性耶？」

之法故，於義無違。

言各無自性，徹底性空者，因緣所生，諸法非一，故云各也。謂從無性緣，生無性果。此果法無擧體不即空，故云徹底性空也。或法不孤起，必假衆緣生，此衆緣各無自性，故云各也。若緣有自性者，不得云徹底性空　衆緣皆無性故，法體終不存，是故云徹底性空也。問：已云緣生之法，明知指緣所起果法，何故各之言，可云通因緣乎？答：緣起法必多法聚集生，即如一聚色八微俱生等也。指此云各，有何過乎？緣生之言，即含多法也，何況上小乘段云，此金師子，唯是因緣之法等。此段指彼金師子，云即此緣生之法等。此金師子不孤起，必假多法爲體，故云各無自性等也。若不爾者，於此師子一體上，各之言可成一多相違過。又若言於師子一體上，不盡因緣無性義，假他法者，解釋非善巧也。問：今章意，以一切有爲法，即爲金師子故，即可有多法。有此多法故，云言各者，有何過耶？答：雖攝一切有爲法，皆合成金師子門也。云取此金師子上諸緣者，即予之所成立義也。若言取餘泥象等者，即所破非善巧義也。可思之。所言空有二種，一人空，二法空。小乘唯得人空，大乘俱説二空。謂諸有情於念念生滅空行聚中，執有有情，依五教止觀，此執有四種，即爲四病。能治亦有四種，即爲四藥。所治四病者：一、執身爲一我，二、執四大，三、執五蘊，四、執十二支。能治四藥者，一、色心兩法，二、四大五蘊，三、十二處，四、十八界是也。若衆生執身爲一我而成病者，即説色心二法爲藥。此中唯有色心二法，云何爲一我耶？衆生聞此，遂即轉執色心，爲實成病。佛即爲開一色爲四色，即四大是也。開一心爲四心，即五蘊中四蘊是也。此乃是四色四心，何唯執一色一心爲一我耶？衆生又卽轉執四色四心成病，佛卽爲合四大爲一色，卽五蘊中色蘊是也。合四心爲一心，卽十二處中意處是也。衆生聞此，又更轉執成病。佛卽爲分一色爲十一色，卽十二處中内五根、外六境也。開一心爲七心，卽十八界中六識并意識界是也。此卽是十八界，云何直執一色一心，爲有我耶？衆生聞此，遂人見始亡，得悟入人空也。隨其悟入淺深，建立向果涅槃。此人從生滅無我門，纔得人空一理，未知無性真空故，法執已殘，非徹底非性空也。今翻此故，云徹底性空。般若等經，中、百等論，皆説此義也。言名大乘始教者，結成也。

問：餘處出始教所依時，云如深密等經，瑜伽等論説。然者此等經論，説三性三無性等道理，何相違耶？答：始終二教，廢止不同，略有二義：一翻小乘緣生實有執，説緣生皆空時，對小乘以此皆空理爲深故，以般若經等名大乘始教。此外不別立，如此文等説非一。二教有始末，於始教中，空門爲始，不空門爲末。始末合説，爲一始教，如常説。問：始教不空、終教不空何別？答：雖俱説三性等法門爲不空，有一乘三乘別，一性五性別，乃至佛身無爲有爲別等多種不同，仍分權實，依此文意，三論是必定始教也。然有人云終教，良恐不可也。問：若以三論爲始教者，何故章主般若心經疏判教攝中云，權實教中，實教所攝。又同十二門論疏中宗趣中云，通辨三論，總以二諦中道爲宗趣。乃至示此義，約三性明二諦中道，明知依章主御意，以般若、三論等，屬終教如何？答：今所述者，宗家所立五教廢立也。所出難者，約別門説，謂廣探般若宗意作釋時，非無妙有中道之義。所謂實相般若，卽正因佛性，觀照卽了因也。又般若離四句，何曾存空？般若不壞四句，豈無妙有？

故大師心經疏判宗趣中云：「總以三種般若爲宗，一實相，謂所觀真性；二觀照，謂能觀妙惠；三文字，謂詮上言教。」凡於一經一論文句，委尋義理時，諸篇悉無不具。依此義者，阿含中又說二空，無是老死，無誰老死，即其證也。智論說亦同此。是宗家定判也，不可驚疑。心經、十二門疏，不顧他教，於自教詮深義爲先，故作此說。雖然，分教類判淺深時，寄大綱取義非無此差別。五教次第依之而立，謂對小乘緣生實有執，次說畢竟真空。前爲有，最淺也。次爲空，是深也。義相如上成之。如此次第從淺至深，判五教宗趣時，三論正當空宗，以爲第二大乘始教也。

問：此等文證，左右相分，何偏以三論定爲始教耶？答：此條無不審，已諍始終二教不同，是自宗五教門廢立也。然者於大師解釋中，委細有分別五教淺深章疏，以此可爲定量，當章是其一也，以足爲明證。如彼心經、十二門疏等，不立五教，又雖深設釋，未演十十無盡義，明知所述未盡本意也，況復教證懸鏡。謂章主遊心法界記中，出五教所依經論云：「第一法是我非門者，即愚法小乘三科法也。如四阿含等經及毗曇、成實、俱舍、婆沙㊀等論明也。第二緣生無性門者，即大乘初教，即前諸法緣生無性也。如諸部般若等經及中、百等論明也。第三事理混融門者，即大乘終教，空有雙陳，無障礙也。如勝鬘、諸法無行、涅槃、密嚴經及起信、法界無差別等論明也。第四言盡理顯門者，即大乘頓教離性也。如楞伽、維摩、思益等經明也。第五法界無礙門者，即別教一乘，奪與法界，主伴絞絡，逆順無羈也。如華嚴經等明也。」此中以第二緣生無性門，名大乘初教，出所依經

㊀「沙」，原作「娑」，今改。

論，云般若等經，中、百等論，是章主定判也，更莫存異義。總於五教所依經論，當代學者，異說紛紜，先德私記等中，亦恐有不審。依之今所用，雖限第二教，同文次總出一具五教文。又五教廢立，隨義別非一准，當所立五教，文義尤順此記文。所以第二教出無性義，第三教云空有雙陳，即與章家所立符順，仍具載之，學者殊可留思。今所要者，爲成三論始教義也。若又存異義人，尚會此文歟。仍出餘處解釋，可決之。謂大師起信論并法界無差別論疏等中，統攝大小諸教，總爲四宗，一隨相法執宗，謂阿含等經，婆沙等論。（是爲小乘。）二真空無相宗，謂般若等經，中、百等論（自此已下大乘。）三唯識法相宗，謂深密等經，瑜伽等論。如來藏緣起宗，謂楞伽、密嚴等經，起信、寶性等論是也。法界無差別論疏中舉四義釋此四宗，一諸乘分別云，初唯小乘，次二具三乘，謂此二宗同許定性二乘不成佛，後唯一乘。以此宗許入寂二乘亦成佛故，智光三教及梁論第八并同此說。二諸識分別云，初二唯說六識，後二具說八識。於中初說六識有，後說六識空。後二中，初說八識唯是生滅，後說八識通如來藏，具生滅不生滅。三總出四宗所詮法云，初唯說有。二唯說空。三說亦空亦有，謂此宗許遍計所執空，依他圓成有。四說非空非有，謂此宗許如來藏隨緣成阿賴耶識，卽理徹於事也；許依他緣起無性同如，卽事徹於理也。以理事交徹，空有俱融，雙離二邊故。四出能立人云，初是小乘諸師達磨多羅等所立，二是龍猛、聖天等所立，三是無著、世親等所立，四是馬鳴、堅惠等所立。（又同疏下文解衆生體。歷此四宗。出四義。前後淺深建立同之。具可見彼文。）於此四宗中，始教開三，合一乘同終教，然第二宗三論，尚居唯識之前，何可云攝終教耶？只非不說八識，不云定性成佛，章主自指般若等經，中、百等論，出能立人，亦云龍樹等，更可止異論，一定是始教也。但嘉祥師釋三論時，設種種深解，卽釋八不立攝法門，總攝一切大乘經論甚深要義，或以中論世尊知是法甚深微妙相，非鈍根所及等文，判明一乘佛性，以華嚴、法華總攝此中，付此等云終教歟？若爾者，受華嚴末流，捧高祖解釋輩，何守他師解釋，忘自宗一致耶？今所論者，只正開三部論，大師判宗趣義相也。又天竺智光論師立三時教中，以般若經爲第三時，談定性成佛等義，付之云終教歟？自宗所立五教，亦與彼別也，不可爲例，不能委曲耳。

問：深尋三論宗旨，以中道爲極。是以本論題目已名中觀論，大師亦判中道爲宗，爾者何推之爲皆空，爲屬始教耶？答：三論說空，始不可疑，但以中爲名者，說畢竟真空，故二邊不立，是名中道。嘉祥師釋云：「以空無二邊故，名中道」，卽此意也。今章文云徹底性空，此性空理，卽諸法實相也，是名中道。故僧叡中論序云：「以中爲名者，照其實也。」雖然，五教門時所取者，以教義俱中爲中道教，三論以空爲教，以中爲義，有此不同故，爲空教。十二門疏等，探義作斷，不例也。有人往往成彼義故，粗記大概，不厭繁文。

【總釋】這一整句話是講，一切現象和事物都是因緣和合而生，各各都沒有自身質的規定性，萬物是徹底的空，持有這種說法的，叫做大乘始教。

〔八〕以上二句【遷註】作「第三大乘終教者，謂此師子雖然徹底唯空，不礙幻法宛然。」以上二句【勘文】、【顯鈔】作「雖復徹底性空，不礙幻法宛然。」

【遷註】雖則真金純一，不礙師子相存。

【類解】空是真空，不礙幻有，即水以辨於波也。

【案】不礙，不妨礙。　幻有，虛幻的有，虛幻的存在，與幻法、似有意同，此指虛幻的獅子形相。宛然，狀貌可見，此指獅子相清晰可見。

〔九〕【遷註】真俗二諦，歷然可觀，師子與金，兩法齊現。

【類解】有是幻有，不礙真空，即波以明於水也。

【案】假有，即幻有，虛假的有，不是真實的有。　二相，如承遷和淨源所註，指有和空，即假有（事）和真空（理）。獅子是緣生而有，雖然是假有，但是假有還是有的，是和真空同時存在的，假有真空二相雙存。也就是「真俗二諦歷然可觀」（承遷註）。這裡「緣生假有，二相雙存」，可能文字有誤，因爲緣生假有可以理解爲只是假有的意思，即只是一相。高辨有見於此，他以緣生爲空，假有爲有，來說明二相，可備一說。

〔一〇〕【類解】緣起無性，一切皆如，方是大乘至極之談，故名爲終。此亦有二：一終教，對前始教立名；二實教，對前分教立名。分，猶權也，始權而終實，以有顯實宗故。然終實二宗，并始分二教，皆大乘漸門耳。

【勘文】探玄記云：「終教者，定性二乘、無性闡提悉當成佛，方大乘至極之說立爲終教。」五教章云：「以不空門爲終。」

【顯鈔】雖復等者，躡前起後也。謂真空不礙緣起故，一切法得立。非由性空諸法斷滅，是故云幻法宛然。幻法者，卽緣起幻有法也。問：般若經等中說如幻喻，顯真空理，何故今成不空義時，於有法立幻法名耶？答：今釋此幻義，諸門不同。如般若經說，乃至有一法過涅槃，如幻如夢，絕見亡言，偏顯真空理。密嚴經中說，如來法身非諸行，簡五蘊中以幻喻識蘊，明識非如來。華嚴經十忍品中，第四如幻忍意，總喻世間出世間，依正染淨等。如是諸經論隨宜異說，其文非一。今章主探玄記中，就此如幻喻別開義門，有其五義，一所依之巾，二幻師術法，三所見幻兔，四兔生卽是死，五愚小謂有。於中巾喻所依如來藏。（真如不變義。）二幻師及術，喻法起因緣，則如無明等。（真如隨緣義。）三幻兔之相，喻依他起性。（依他似有義。）四兔存卽亡，喻依他無性。（如名可知。）五凡小謂有，取爲人法。（遍計情有義。粗行本記文，私加註。）於此中立有無、一異等諸門。於諸門中，重重解釋甚廣，乃至付如幻喻。立卽入門，成華嚴事事相卽、一多自在大緣起法門。又如幻忍經文，盛說理事無礙行，其義尤甚深甚深也。明知如幻喻淺深重重，何必限畢竟真空耶？此所言幻法者，以巾上成兔義。（真如隨緣義。）及兔上相差別義，（依他似有義。）合爲一際，故名幻法也。當知般若意，以如幻故說空，今以如幻故說有，是故離如幻義，空有二門，俱不成也。宛然者，徹底性空中，緣起法門，不壞其相顯現也。

問：爾者以所言幻法，喻真如隨緣、依他似有者，所喻法，唯爲取染法，又通淨法耶？答：染淨二法皆通也。問：真如隨緣依他似有義，與遍計情有，合成一際故，以本歸末，可云說染分相，何云通淨法耶？答：隨緣似有義，有染淨二位，謂真如隨緣成生死因果名染分，成報化等諸功德名淨分。如探玄記云：「真應各有二義。真中，一不變義，謂雖現化而常湛然。（真如不變義。）二隨緣義，謂不守自性，無不現應故。（卽真如淨分隨緣也。）二化中，一無體卽空義，謂攬緣無性故。（依他無性義。）二從緣幻有義。（依他淨分似有義也。麤行本記文，私加註。）又起信論說：「真如用大中，出報化功德；出用大體中，剩簡不善法。」卽論云：「用大者，謂能生一切世間、出世間善因果故。」此中不取不善，是故依真如不變。依他無性義者，是真如門諸法，鎔融含攝，染淨不殊。隨緣似有義，是生滅門，三乘賢聖慈悲戒定業功德，皆此門說也。但與遍計情有合成一際者。於三性有事理二門，以理門同爲空，以事門同爲有。故妄有緣有雖異，同取爲有，故成一際也，可知。

次言緣生假有，二相雙存者。前以真空一理配始教，今以空不空二相雙存，名終教也。問：今此緣生之言，卽與假有之言無別，同詮不空義歟？若爾者，何云二相雙存耶？若又云指空者，已云緣生，是可成有義如何？答：此文良難解。有人云：以雖復下徹底性空之言爲空，以緣生假有之言合爲有，并之云二相也。此義科文雜亂，謂雖復等者，設許與義，尚以屬始教，何故屬終教句？緣生等四字，同云爲有者，成重言無用，是故更難依。今解曰，以緣生假㊀有四字，如次爲空有二義。假有者，約緣生麤顯相；緣生者，談假有下空義。謂此假有法，已從緣生故，含空義。何故直不云空，言緣生耶？謂正以不空門名終教，空是前教也。是故章主餘處解釋中，以深密經復二法輪，如次

㊀「假」，原作「似」，據正文改。

配始終二教。又引法鼓經，以空門爲始，以不空門爲終。引起信論空不空二真如，如次配二教，未必以空門在不空門。然今所立，以小乘爲一向有，以始教爲一向空。今異前雙成空有二義，爲終教時。終教義正是不空爲正，故以空義傍令兼之。其空者，謂假有之下緣生義也，是故云緣生假有。鄰前教空故，呼緣生爲先；自教所立故，呼假有爲後。此空有二相具足，名終教也。

問：如此文者，終教空有雙陳爲宗，何以知以不空爲正所立？答：如前説，終教正以不空爲宗趣，是處處解釋也，不可初疑空義并不并不定，未有不取不空明一向空。若爾者，壞宗趣，非終教并取空義事。論偏中義時，以中道爲終教一門也。依此義邊，深密經亦屬終教，此亦宗家定判也。爰諸人設種種難詰，朋黨相扇，吠聲擯亂，一箇末學，不遑重重難答。今任釋文方軌，試匡邪正。至相大師釋五翻中第五異事翻云：「於一名下，有二義事，而會取正故。」今於緣生一名下有二義，順義便故，可空義；順名言故，可有義，於此二義中，會取順理正義，（如上成之）豈非妙耶？（是一）又順聲論八轉中第三轉聲，舉一例釋云，補盧崽拏，是能作具聲，如由斧斫。就總説釋云，第三起言，依位本語，明知。依例釋者，空有雙存義，成終教能作具也。然者空有義，尤可在此句中。若依總説者，起終教名言，於空有二相雙存位中立。然上雖復等者，設許與義，尚以屬始教。不礙等下正明終教義，奪令具有義。緣生等四字，正空有二義雙存，終教位本也，空義更不可開（考：開恐闕）上句，更可止諍論。

問：若以般若爲第二教，以空有雙存爲第三教者，與彼法相所立第三時教全同耶？答：今所成爲分此義也，彼説所執空，依他、圓成有爲中道，若直云空有者，可濫彼義。今取三性下各具二義，云空有也。云雙存意，殊可在此。問：以空義爲始教時，以深密經必爲不空義屬終教歟？若爲有屬空義，爲一始教義耶，如何？答：爾也，有此義也。問：深密正説不空義，何屬空耶？答：所説法門行相粗顯故，終無不可得理事通融二分義故，會所立賴耶生滅等相，悉皆説空。是故章主心識章云：「若依始教，於阿賴耶，但得一分生滅之義。以於真理未能融通，但説凝然不作諸法，故就緣起生滅事中建立賴耶，從業等種辨體而生，異熟報識爲諸法依，方便漸漸引向真理故，説熏等悉皆即空。如解深密經云：『若菩薩於内於外，不見藏住，不見熏習，不見阿賴耶，不見阿賴耶識，不見阿陀那，不見阿陀那識，若能如是知者，名善巧菩薩。如來齊此，建立一切心意識祕密善巧。』瑜伽中亦同此説。解云，既齊此不見等處，爲立心意之善巧故。是故所立賴耶生滅等相，皆是密意，不令如言而取故，會歸真也。」解曰，此即始教終又説空也。既爲立心意識善巧，不可云指般若空，況宗家立四宗時，般若已居第二，空小乘有，深密亦在第三，建立依他法相。若深密不説真空者，何引向終教不空真理耶？是故章云：「方便漸漸引向真理故，説熏等悉皆即空。」所言真理者，即含深密所説真空終教不空法門也。不令如言而取故會歸真也之結句，指當經空理。方便漸漸引向真理之標文，欲及終教不空妙義，當知小乘法執，障大乘法相，是故説般若空之。於真空理中，假説賴耶生滅等相故，云皆是密意也。不令如言而取法相故，亦會歸真空。此真空理中，有恆沙不空法門，至終教説之。是故般若空理，對小爲淺；深密空理，對大爲深。雖淺深異，始終合會爲一空教。是故以始教爲一空教時，般若雖淺，從以空爲宗。以深密空屬般若也。依此義，始教始終説空義，此外別不可立不空義，以不空爲終教也。

問：爾者始教終説空義事，宗家解釋中，有證據耶？答：有之。謂華嚴問答上卷，以方軌五種教體配五教，中云：「第三不可以似似音等者，當初教終空以去，所至終㊀教始，謂初教終，一切法皆空故；熟教始，一切法皆虚妄，無可似故。」解云，此不可云指般若空，何者？同上文。以第二教體，配成實并初教始，中云：「初教大乘中，因緣假有法，識反㊁似顯現，不離識，而但生滅妄識中明，非真唯識。」此文次出第三教體，既始立識所變法，終云皆空，明知。第三教體中初教終空者，指深密所説空理也。問：爾者何故章主分教開宗章云：「或開爲三，謂於漸中開出始終二教，即如上深密經等三法輪中後二是也。依是義故，法鼓經中以空門爲始，以不空門爲終」等。此中以深密第三時爲不空，如何？答：如前説，以深密經屬終教者，卽此文其證據之隨一也。此依開門，心識章依合門。合門中，不以空義合不空義，以不空義合空義，明知始終説空理也。良以以深密經爲終教者。於始終頓三教，有三重開合，一爲㊂三乘教，二爲頓漸二教，三爲始終頓三教。如次次第開之。第三於漸教中，開始終二教時，以深密三法輪中後二法輪爲二教也。此漸教始故，雖於深密中開出之，

㊀「終」，華嚴經問答爲「熟」。
㊁「反」，華嚴經問答爲「變」。
㊂「爲」下原有「一」字，據文義删。

如來藏實德恆沙不空法門。正於楞伽、密嚴等經中説之，以之爲正不空也。以不空義爲終教時，以深密經爲不空者，是傍説一義也。是故以空義爲始教時，以深密屬空義者，有何過耶？問：爾者以空義爲始教時，必云般若等經，不云深密等經，明知。以空爲始教時，以深密一向屬終教也，如何？答：然者，第三教出不空義時，必云楞伽等經，不云深密等經，是知依分教開宗章文會此義者，以不空門爲終教時，以深密屬終教者，云楞伽等經，攝深密經第三時也，准知。以空門爲始教時，以深密屬般若者，云般若等經，攝深密經，思之可見。常途所談，以皆空義爲始教時，以深密經屬終教，當世多所依用也。後一義學堂未聞，竊出愚懷。各有教理，學者隨義便取之。

前出依他二義云似有，今何云假有耶？答：前依他上二義故，於無性理上，似于有相現故，云似有。此總不分三性，真假相對故，云假有。如云空假中。或人云，假有似有者，無指別義，隨宜呼之，此謬説也，委細不得三性義意趣也。

【總釋】這一整句是講，雖然主張徹底唯空，但是又認爲不妨礙幻有的存在。由緣起而生的現象是假有，而假有和真空並不矛盾，二相同時存在。持有這種講空不廢有的教義者，稱爲大乘終教。這裡法藏是指勝鬘、涅槃和密嚴等經，以及寶性論、起信論等的教義。

〔二〕以上二句【還註】作「第四大乘頓教者，謂卽此二相，互奪兩亡。」

【還註】以理奪事，事隱理顯。

【類解】以理奪事而事亡，卽真理非事也。以事奪理而理亡，卽事法非理也。亦同行願疏中形奪無寄門。

【案】卽此二相，互奪兩亡，是講，就獅子之幻有之爲幻這方面來說，是空奪有；就獅子之幻，有之爲有而言，是有奪空。有空互奪，則二相俱亡。

〔一二〕此句【勘文】、【顯鈔】作「情謂不存」。案：「謂」應作「僞」。

【類解】反疏上句，理事雙亡，則情識僞相，無所存矣。

【案】情僞，情，妄情。僞，僞相。情僞，「情識僞相」（淨源解），卽所謂妄情和假相。

〔一三〕下句【勘文】、【顯鈔】作「互立雙泯」。

【類解】由前互奪，故皆無力。理奪事則妙有泯也；事奪理則真空泯也。心經略疏云：「空有兩亡，一味常顯。」

【案】力，指功力。有力，指事物在依存關係中能持對方的方面，依存於對方的方面則稱爲無力。泯，泯滅。以幻有之爲有來說，有「奪」空，空無力而泯滅；以幻有之爲幻來說，空「奪」有，有無力而泯滅。

〔一四〕【類解】通結心言罔及，寶藏論云：「理冥則言語道斷，旨會則心行處滅。」

【遷註】對「情僞不存，俱無有力，空有雙泯，名言路絕，棲心無寄」作註云：「直辯真性本空，無一法可當情者。喻金與師子二相俱泯，內外無寄。」

【案】名言，指表述事物的名目和言句。名言路絕，卽斷絕名言。棲，住。棲心，凝聚思想。

棲心無寄，是把心凝聚於虛空的地方，即斷絕思慮。

〔一五〕【遷註】作「故名大乘頓教」。

【類解】頓者，言説頓絶，理性頓顯，一念不生，即是佛等。故楞伽云：「頓者，如鏡中像。」頓現非漸，此亦有二：一逐機頓，即此文示之；二化儀頓，即後圓教收之。

【案】頓教，此指頓成之教，即所謂頓悟佛果的教法。法藏是指維摩和思益等經的教義。

【勘文】探玄記云：「頓教中總不説法，唯辯真性，亦無八識差別之相，一切所有唯是妄想，一切法實唯是絶言。」呵教勸離相泯心，生即妄，不生即佛，亦無佛無不佛，無生無不生。如淨名默住，顯不二等，是其意也。

【顯鈔】第四明頓教，謂此教不同前漸次位修行，不同於後圓融具德，故名頓。頓詮一理故，名頓教。（即達磨所傳禪宗屬此教也。）此中有四句，一互奪兩亡，二互立雙泯，三名言等雙結二義，四名大乘等者結教名也。初中即此二相者，指前空有二相。謂空有之空故非空，有一空之有故非有，彼此形奪，空有不立，故云互奪兩亡。言情謂者，情者，妄情也。謂者，所謂也。即遍計所執也。情謂所執，空有皆墮，失更非得。此中含四句不存。五教章三性義云：「問：有耶？答：不也，離所謂故。下三句例然。」解云，此明於真如離遍計四句，下三句例然者，四句皆以離所謂故，一因拂之，如次離增益、損減、相違、戲論四謗也。依此義故，云情謂不存。不存故，俱無有力。力者，用也。謂空有二體，俱不存故。不立斷惑證理等用。斷惑約有門，證理依空門，無此義故，云俱無有力。俱者，空有二門也。互立雙泯者，謂以空攝於有，有而非有，故空立有泯，以有攝於空，空而非空，故有立空泯。是故空有俱有立泯義也。問：互立雙泯何別耶？答：互奪兩亡，與互立雙泯，雖有空有，終歸空；互立雙泯，雖有空有，終歸有。此非偏空偏有。兩亡者，空有俱無。雙泯者，空有俱一。有此不同也。言名言路絶，栖心無寄者，此義超情離念，逈出四句，頓塞百非，語觀雙絶故。云「言語道斷，心行處滅」，此之謂也。言名大乘頓教者，結教名也。

問：頓教，言説頓絶，理性頓顯，解行頓成，一念不生，卽是佛。爾者，已云言説頓絶，何立教名耶？答：如前説，頓詮此理故，名頓教。此言清涼大師通刊定師難詞也。大師自釋云，謂所詮是理，今頓説理，豈非能詮？夫能詮教，皆從所詮以立。若詮三乘則是漸教，若詮事事無礙卽是圓教，豈以所詮是理，不許能詮爲教耶！問：設雖立教名，如所説者，言慮俱絶，何有證入義耶？答：言慮俱絶等者，談心境卽如義，不謂無言無心，故杜順五教止觀中述語觀雙絶義（卽頓教也。），中問答云：「問：若云空有圓融語觀雙絶者，卽離觀行，云何證入耶？答：非是默而不言，但以語卽如故，不異於法，是以云㊀無言。觀行亦爾。反上可知。」故知頓教非無言説，教體何不成耶？

問：教體若云取音聲者，是色蘊所攝。若云取名等者，是行蘊所攝。俱是有爲法，何云卽如立頓教耶？答：委論教體，有五種十種不同。先五種者，方軌第一卷云：「能詮教體者，有其五種，第一義者，實音聲名味句。第二義者，可似音聲名味句。第三義者，不可以似似音聲名味句。第四義

㊀華嚴五教止觀無「云」字。

者，唯識音聲名味句。第五義者，眞如音聲名味句。」香象大師問答上卷以此五種教體科配五教云：「問：疏云，五種教體，五教云何今當耶？答：初實音聲等，當小乘薩婆多等宗教。第二可似音聲等，初從成實宗至初教始。成實云㈠，破薩婆多因緣實法，以立假用教，而猶不明心似音等顯現道理故，同小乘教。初教大乘中，因緣假有法。識反㈡似顯現不離識，而但生滅妄識中。明，非眞唯識。第三不可以似似音等者，當初教終空以去，所至熟教始，謂初教終一切法皆空故；熟教始，一切法皆虛妄無可似故。第四唯識音等者，遠者有初教位等正熟教終以去，一切法但一如來藏眞識作故。第五眞如音聲者，熟教終以去，極當圓教位，一切法皆如故。

問：餘可爾，頓教中一切皆絕爲宗，云何唯識及音聲等乎？答：頓教三乘中極處故，終教中眞識以默爲極，現不無法故。又音等者，凡㈢此界佛教以聲爲體，故所作佛事。默言皆得爲音，不謂廢㈣音聲故爲音聲。維摩以默現不二法門，豈非教？既教亦得從方說爲音聲也。又三乘中以理即事㈤，而無非理。既理卽言，默說皆理；理無二故，默亦音聲。餘法亦爾，此義玄可思也。」解曰，此

㈠「云」，華嚴經問答作「者」，屬上。

㈡「反」，華嚴經問答作「變」。

㈢「凡」，原作「汎」，據華嚴經問答改。

㈣「廢」，華嚴經問答作「發」。

㈤華嚴經問答「事」下又有一「事」字，連下。

文未解頓教教體，有三科明三義，一真識體，說之至默，頓教以之爲教體。二此方皆以聲塵爲佛事故。從方言之，設不廢音聲，若有所解，皆是教體。三頓教三乘中極處故卽理，理卽事，默說無二故。默亦音聲，卽是教體也。語卽如義，思之可知。次十種教體者，探玄記并大疏等，出十重教體，一音聲言語體，二名句文身體，三通取四法體，四通攝所詮體，五諸法顯義體，六攝境唯心體，七會緣入實體，八理事無礙體，九事事無礙體，十海印炳現體。大疏判曰：「前七通三乘，後三唯一乘。」解曰，頓教是三乘教，於三乘中已有七體，是故或事體，或理體，更無不攝頓教也。思之可見。

【總釋】這段關於大乘頓教的論述是講，如果就師子的幻有之爲幻來說，是空「奪」有；如果就師子的幻有之爲有來說，是有「奪」空。這樣「互奪兩亡」，「空有雙泯」，從而使人既不知有有，也不知有空。「超情離念」，「語觀雙絶」，就是所謂「名言路絶，棲心無寄」，持此說者，叫做大乘頓教。

〔一六〕以上二句【遷註】作「第五一乘圓教者，謂卽此師子情盡體露之法，渾成一塊。」

【遷註】喻師子相盡，真金現前。

【類解】情盡，見除也。大疏亦云：「情盡理現，諸見自亡。」混成一塊者，約法則混成真性，約喻則一塊真金。故裴相序云：「融缾盤釵釧爲金。」

【案】情盡，淨源解爲「見除」，就是說妄情滅盡。體露，體，指真如本體。體露，指真如本體的顯露、顯現。　混成，本體和現象混而爲一。

〔一七〕【還註】喻師子功用，事事皆金。

【類解】用則波騰鼎沸，全真體以運行。

【案】用：功用，作用，也指現象。　「繁興大用」，繁雜衆多的現象興起。　真，真如本體。　「起必全真」，現象的興起是整個真如本體的顯現。　金師子章光顯鈔説：「言繁興大用，起必全真也，於此大緣起法中，無法不同故，一起必一切起。」

〔一八〕「紛然」【還註】作「紛紜」。

【還註】雖四像遷移，各住自位。

【類解】萬法起，必同時一際，理無先後。　釋上二節，依還源觀。

【案】「萬象紛然」，萬象森然羅列，紛紜繁盛。　「參而不雜」，萬物相和在一起，而又不混雜。

〔一九〕【還註】攝末歸本，不礙末也。

【類解】無量中解一也。　大經云：「華藏世界所有塵，一一塵中見法界。」

【案】一切，指「事法界」，相當於末，即萬事萬物。　一，指「理法界」，相當於本，即真如本體。　「一切即一」，即「攝末歸本」（承還註）、「無量中解一」（淨源解引），就是説一切事物現象都是同一真如本體的表現。　無性，即無自性，空。　「皆同無性」，一切現象都没有自性，歸結爲空。

〔二〇〕【還註】依本起末，不礙本也。

【類解】一中解無量也。禪詮都序云：「果徹因源，位滿分（分，應爲猶）稱菩薩。」

【案】「一即一切」，即「依本起末」（承遷註），「一中解無量」（淨源解引），就是説真如本體表現爲一切現象。「因果歷然」，一和一切，兩者相即的互爲因果關係歷然分明。

〔二〕上句【顯鈔】作「力相相收」。案：「力相」應爲「力用」。

【遷註】力顯性起圓融，法門無礙。

【類解】一有力收多爲用，則卷他一切入於一中，即上文「一切即一」，皆同無性」也。多有力收一爲體，則舒己一位入於一切，即上文「一即一切，因果歷然」也。文雖先後，義乃同時，故云卷舒自在也。

【案】「力用相收」，是説本體和現象互相包容，也就是所謂「一切即一」，「一即一切」。卷，收藏，指一切歸於一。舒，伸展，一展開爲一切。自在，各自存在而不相混淆。「卷舒自在」，是説一切現象歸結於本體，本體展現爲一切現象，相即相入，自在無礙。

〔三〕「名」上【遷註】有「故」字。

【類解】所説唯是法界緣起無礙，相即相入，重重無盡。此亦有二：謂同教一乘圓，全收諸教宗；別教一乘圓，全揀諸教宗。

【案】一乘，是所謂成佛的最好的教法。圓教，指主張一切事物圓融無礙的教法，即所謂大乘中最圓滿的教門。正如淨源所指出的，華嚴宗還把一乘圓教分爲同教一乘圓和別教一乘圓兩種，同教一乘圓是指法華教義的「會三歸一」的論點，卽三乘人都同歸於一乘圓教（「全收諸教宗」），別教一乘圓是指華嚴教義爲超出三乘的特別圓教（「全揀諸教宗」）。華嚴宗認爲自己是高於同教一乘圓的別教一乘圓，是各派理論發展的最高階段。

【勘文】（探玄記）又云：「圓教中所說唯是無盡法界，性海圓融，緣起無礙，相卽相入。如因陀羅網重重無際，微細相容，主伴無盡，十十法門各稱法界。」

【顯鈔】於一法上有二教義，依頓教見情盡體露不生真體，依圓教知從緣無性故，相卽相入，成一緣起法，故云混成一塊也。言繁興大用，起必全真也，於此大緣起法中，無法不同故，一起必一切起。如一乘十玄門云：「明一乘緣起自體法界義者，不同大乘二乘緣起，俱㊀能離執常斷諸過等，此宗不爾。一卽一切，無過不離，無法不同也。」故此宗中，無邊事法，皆具教義理事等十義。十義同時相應，成一緣起際，故起一用，卽鼓動無盡法界，卽如不動道樹昇六天，一切微塵三昧起等。凡一經說相，所說法門，悉無非此義，乃至約斷惑一斷一切斷，約成佛一成一切成等，皆是大用。簡三乘一相小用，取一乘甚深廣大用，故云大用。一起一切起，故云繁興。此一切起用，悉無不稱真性故。如說此華從無生法忍之所生起等，是故云起必全真也。言萬象紛然參而不雜者，出於此一乘緣起法界中，所現無邊諸法體，無邊諸法重重顯現。如圓鏡現像，教義理事因果等雖不同，相參而不雜，於一法上同時具足，故云參也。故十玄義章釋同時具足相應門云：「具足一切，自在逆順。

㊀「俱」，華嚴一乘十玄門作「但」。

參而不雜，成緣起際。」今以同此。言一切卽一者，此下正明緣起法界相卽相入義，謂上所言萬象者，謂無邊諸法也。諸法體有十種，以顯無盡，一教義，二理事，三解行，四因果，五人法，六分齊境位，七師弟法智，八主伴依正，九隱生欲示現，十逆順體用自在等。（此十義具如下釋。）此中今舉因果一對，明相卽相入義，如因果，餘九法亦爾。或諸法雖多，無不攝因果盡，謂教爲因，義爲果，尋教知義故。或義爲因，教爲果，依義起教故，如此准知。且於因果對，謂緣起無性法，彼此相卽故，一中有多，多中有一。故經云：「一中解無量，無量中解一。」又云：「於一法中解衆多法，衆多法中解了一法」等。如是相收，彼此卽入，同時顯現，無前無後，故一多相卽。謂一切者，非自性一切，緣生一切也。緣生必無性，故無性一切會一因，一因中有重重，重重因皆會初位，名廢（考：廢恐發）心住，卽種姓成熟位也。經說種姓義云：「菩薩種姓甚深廣大，與法界虛空等。」香象大師釋與法界言曰：「具足人法、教義、因果、理事等一切法故也」，卽此之謂也。言皆同無性㊀者，出一切卽一之所由。謂所以一切卽一者，非由自性，皆緣成無性故，有此義也。次言一卽一切，因果歷然者，此一位卽攝一切一㊁位故，後九住、十行、十向、十地佛果歷然在此中。因果歷然者，卽出一卽一切體也。問言：此文言因果歷然者，出一卽一切體者，相翻此文，上云皆同無性文，可云出一切卽一體，何故云出所由耶？答：云皆同無性者，似同理性，是故性起品皆悉一性以無性故文，大師釋理也。然一

㊀「性」，原作「姓」，今改。

㊁「一」字疑爲衍文。

多相卽義，同是事中也。何可開（考：開恐闕）理性，是知是所由也。況復性起品文已釋理，彼品皆悉一性以無性故二句，同此皆同無性一句，例彼亦可成所由義，何必對下文相翻耶？細可思之。言力用相收者，上明法體自相卽義，顯此句約用明相入義。謂一有力攝無力一切，卽上句也。一切有力攝無力一，卽下句也。如此相入，故云力用相收。言卷舒自在者，上句卽卷也，下句卽舒也，二句無礙名自在。如此一多相卽，因果自在妙義，前教更不明。今以說此義名一乘圓教也。

有人請曰：此段文義幽玄，初心易迷，今雖聞此總釋，尚以不審，願指事再示之。答：雖憚管見，不任懇請，今寄一事，再科文段。言卽此等者，如頓教說，諸法上情謂分別盡不生，真理顯現，故云情盡體顯。卽此法反成無窮緣起，如云以有空義故一切法得成。卽無窮諸法，成同一緣起義故，云混成一塊。若出體者，善財童子前生見聞此無盡法門，攝成金剛種子分，云混成一塊。此生解行成就，值遇諸善知識，一生一身遍歷諸位，悟入不可思議解脫門。云繁興大用，彌勒嘆曰：「其餘菩薩，經於無量百千萬億那由他劫，乃能滿足菩薩願行，乃能親近諸佛菩薩。此善男子，於一生內，則能嚴淨一切佛刹，則能教化一切衆生」，乃至「則能修習普賢諸行，令其成就」等，豈非大用耶？又於一一善友所，所作大用一一皆不可思議，廣如經說。此大用一一皆無非種性德故。云起必全真，卽用從體起也。又起者，緣起。真者，性起也。演義抄釋如來出現名緣起、名性起云：「若分相說，攬緣出現，故名緣起。謂由衆生業感，如來大悲，而出現故，八相成道，從法性生，故名性起。今約從緣無性，緣起卽名性起。」「淨緣起常順於性，亦名性起。」此亦如是。由善友智惠力，善財善業力故，繁興不思議大用，故名緣起，皆從法性生故，名性起。善財白彌勒言：「大聖從何處來？」彌勒告曰：「善男子，一切菩薩，無來無去，如是而來。無行無住，如是而來」等。此雖說來義，從法性生義，亦以同之。（經說十種生處，彼與性起義門別，故不出之。）問：所言性起緣起者，爲何義耶？答：總言之，如孔目章云：「性起者，明一乘法界緣起之際，本來究竟離於修造，何以故？以離相故。起在大解大行，離分別，菩提中心名爲起也。由是緣起性故，說爲起，起卽不起，不起者性起，廣如經文。」若別言之，演義抄云：此性起自有二義，一從緣無性而爲性起，二法性隨緣故名性起。緣起有二，一染，二淨。淨謂如來大悲、菩薩萬行等，染謂衆生惑業等。（略抄）解曰，性起唯淨，緣起通染淨。性起唯約理，緣起約事。若以染奪淨，則屬衆生，故名緣起。今以淨奪染，屬諸佛，故名性起。又從緣無性方顯性起，故緣起卽性起。由見緣起推知性起，故性起卽緣起。廣可見出現品疏等。是故言起全真者，上起言，卽緣起。下云全真者，卽性起。可知。言萬象紛然，參而不雜者，謂善財歷諸位所得法門，主伴具足，無盡無盡，而不相雜亂，以喻萬象。或所得法門境界業用中，見無邊萬象不雜。或所經劫數所入剎海等，重重無盡無盡，總無不類萬象可知。次言一切卽一，皆同無性者，摩耶等十一人善友爲會緣入實相主，會差別緣，令入一實故。一切者，卽寄位修行差別也。卽一者，卽一實也。故云皆同無性者，卽釋一實無性理也。問：卽一者，一多相對一也。一實者，卽理也。事理已異也，何配釋之耶？答所以萬法會一者，一實爲性故也。是故懍法師出六相體云：「通則法界緣起爲體，別則總相以中道爲體，別相以二諦爲體，同相以如如爲體，異相以萬法爲體，成相以緣集爲體，壞相以緣起爲體。」（六相義至下可知）同相已以如如爲體，一亦准此可知。智照無二相亦可攝此句中。問：會緣入實相爲理，智照無二相爲智，理智已殊，何故此中攝？答：清涼大師釋此相云：「真智反照，不異初心，唯一圓智，更無前後明昧等殊故。」然則智照無二相，是能照智；會緣入實相，是所照理。所照會別緣。能照混明昧，平等平等，離能取所執相，卽真會緣故，可攝此中可知。次言一卽一切，因果歷然者，初對文殊入法界信位，終見普賢圓滿廣大因。卽一圓智中，證位位法門時，一一法無不具足無量阿僧祇佛剎極微塵三昧陀羅尼門等。或諸位相融，所證圓通，盡帝網重重事，乃至悟入無盡佛境故，云一卽一切等。卽於此中因果相一一圓滿，思之可見。言力用相收者，上明體相卽，此明用相入。一切卽一云卷，一卽一切云舒，卽入無礙名自在。上來寄一事釋已，一切如此可准知。

問：所言相卽相入者，何爲義耶？答：緣起萬法，種種差別，或唯心所現故，或緣起相由故，彼此近遠等，皆無差別會一，是云卽入於中，體上有相卽義，用上有相入義。問：有何所以，體用上義成差別耶？答：體有空有義，故得相卽；用有力無力義，故得相入。謂一切因皆有六義，一空有力不待緣，（由剎那滅故，卽顯無有性，是空也。由此滅故，果法得生，是有力也。然是謝滅，非由緣力故，云不待緣也。）二空有力待緣，（是俱有義，何以故？由俱故，方有卽顯是不有，空義也。俱故能成有，是有力也。俱故非孤，是待緣也。）三空無力待緣，（是待衆緣義，何以故？由無自性故，是空也。因不生，緣生故，是無力也。卽由此故，是待緣也。）四有有力不待緣，（是決定義，同以故，由自類不改故，是有義。能自不改，而生果故，是有力義。然此不改，非由緣力故，是不待緣義。）五有有力待緣，（是引自果義，何以故？由引現自果，是有義。雖待緣方生，然不生緣果，是有力義。即由此故，是待緣義。）六有無力待緣，（是恒隨轉義，何以故？由隨他故，不可無不能違緣故，無力用。即由此故，是待緣也。）於上六義中，由空有義故相即，由有力無力義故相入，由有待緣不待緣義，故有同體異體門。問：所言同體異體門者，是何等耶？答：謂因中不待緣義，自具生果德故，不相由緣力，自生果故。不藉他們，自體中具一切法。雖具一切法是同體也，是云同體門也。次因中待緣義，因自無生果德故，相由緣力生果，於自體中具異門法，是云異體門也。依有此二門，有相即相入義。

問：先依空有義相即方如何？答：且毛刹相對，明即入義。餘例知之。如阿僧祇品經云：「於一微塵毛孔中，不可說刹次第入。毛孔能受彼諸刹，諸刹不能遍毛孔。」清涼大師釋云：「以毛約稱性，刹約不壞相故，廣相不能遍小性也。」釋意曰，毛上取稱性妙有義，刹上不壞情有相，是故有諸刹廣相，不足遍妙有一毛孔小性也。此中言不壞情有相者，即是空義也。問：已云不壞有，何故云空耶？答：已毛上取稱性有義，翻此云不壞相。此不壞相者，即是情有也。情有者，妄情前有理，實無故云空。此有空無二故，相即義成。不爾者，二有二無，各不俱義不立。若不立者，即入義不成，思之可見。今付此文，述空有義者，謂一毛有時，諸刹必無故。諸刹即一毛，何以故？由諸刹無性以一毛作故也。問：一毛作諸刹方如何？答：今次第入者，約能見智說，一多相入義，是法性具德故，非如神力變作等。若爾者，已毛孔是能受，諸刹是所受，一毛起時，諸刹隨生。無所依一毛，諸刹不立。是故諸刹無性，一毛作也。准此可云，諸刹若有時，一毛必空故，一毛即諸刹，何以故？一毛無性，以諸剎作故，翻上可知。問：此中有二有二空，二有者，一毛孔上有，二諸剎上有，二空者，一毛孔上空，二諸剎上空也。毛孔上有與諸剎上有相并，毛孔上空與諸剎上空相並，可有成相卽義乎？答：不然，若云性有者，是情謂有也，情非情等，各各可有差別。若云緣有者，已卽入，何限執二相？若云斷空者，斷已滅，何有二空？若云真空者，是一味理也，何有二種？是故空有必不俱，謂一毛上具教義、理事等十義，備相性相，廣狹等十義。指之爲有，諸剎如虛空，（宗家處處云，餘門如虛空。）指之爲空。是故二有二空，各俱不成相卽；由不俱義故，成相卽也。

問：爾者所言相卽義，能所相望，爲前後異時耶？爲同時？若異時者，非稱性之談；若同時者，何有空不俱耶？答：以有空不俱故，同時相卽，其義如上成。一毛上有無二義，不轉諸剎上，諸剎上有無二義，不轉一毛上。又一毛上，有無二義，於一毛上，非前後。諸剎上有無二義，於諸剎上，非前後。是故非異時，恒同時相卽。是故十玄義云：「以二有二空各不俱故，無彼不相卽；有無無有無二故，是故常相卽。若不爾者，緣起不成，有自性等過。」解曰，上約遮詮，明法體相卽義，卽遮二俱不卽過也。下約表詮，明同時相卽義，卽顯不俱相卽德也。謂上二法相望，取有空二義，遮不相卽義。下二法相望，取無二一義，明常相卽義。何者？法體梵聖共得故，約遮詮說之，意爲遮情謂也。相卽義必法然一理，唯聖智所知故。約表詮說之，意顯無異路也。於表詮句中，若准僧祇品毛剎相對義者，上有者，毛上有也。次無者，剎上無也。次無者，毛上無也。次有者，剎上有也。明知毛上有義與剎上空義，合無剎有毛，毛體獨存，是故云有無。毛上空義與剎上有義，合無毛有剎，剎獨存，是故云無有。由此義故，毛剎上二義成無二義，故云無二。依之依不俱義故，無不相卽，如上句云，以二有二空各不俱故，無彼不相卽，卽此義也。依無二義故，常恒相卽，卽下二句也。文言甚妙，義深有味，學者殊留意矣。若不爾者，下出翻此過失，謂今所言有者，緣起妙有，非自性有。空者，無性真空，非斷滅空，是故有此義。翻此義者，有者，性有非緣有。隨（考：隨恐墮，已下同之。）常過；非緣有者，諸法不立卽隨斷過。空者所執空。卽隨斷過；妄執爲有者，卽隨常過，成如是過失也。上來略明相卽義已。

次文云，力用相收者，明相入義。十玄義云：「不據自體故，非相卽；力用交徹故，成相入。又由二有力二無力各不俱故，無彼不相入；有力無力，無力有力無二故，是故常相入。」釋曰：「遮表等二義，准上易知之。唯相入爲異。」問：相卽相入義，約體與用，遂有差別耶？答：上所引十玄義次下文云：「又以用收體，更無別體故，唯相入。以體收用，無別用故，唯是相卽。」故知體用又不別也。又委釋此義有六句，一以體無不用故，舉體全用，則唯有相入，無相卽義。二以用無不體故，舉用全體，則唯有相卽，無相入也。三歸體之用不礙用，全用之體不失體，是則無礙雙存，亦入亦卽，自在俱現。四全用之體，體泯；全體之用，用亡。非卽非入，圓融一味。五合前四句，同一緣起，無礙俱存。六泯前五句，絕待離言，冥同性海。如是諸門，如餘處釋。次言卷舒自在者，此一毛舒己遍入一切差別法中，云舒。復能攝取彼一切法令入己內，云卷。是故卽舒恒攝，同時無礙爲自在。經云：「以一佛土滿十方，十方入一亦無餘」等。（此約相入說。）又此一毛廢己同他，舉體全是彼一切法云舒。而恒攝他同己，令彼一切即是己體云卷。是故己即是他，他即是己，爲自在義。經云：「長劫即是短劫，短劫即是長劫等。」(此約相即義説。) 言名一乘圓教者，結名可知。

【總釋】這段關於一乘圓教的論述意思是，萬物都是真如本體的顯露，萬物的生起是整個真如本體的顯現。這樣，萬物既相互依存，又不雜亂。一切現象都是真如本體的體現，都歸結爲無性，即空。真如本體表現爲一切現象，本體和現象這種相即的關係是歷歷分明、十分清楚的。本體和現象互相包容，本體「一」展現爲一切現象，一切現象卷藏到本體之中，歸於「一」，也就是「一即一切，一切即一。」本體和現象各自存在，互不相混。法藏在華嚴義海百門鎔融任運門第四中説，「明卷舒者，謂塵無性，舉體全徧十方，是舒；十方無體，隨緣全現塵中，是卷。經云：『以一佛土滿十方，十方入一亦無餘。』今卷，則一切事於一塵中現；若舒，則一塵徧一切處。即舒常卷，一塵攝一切故；即卷常舒，一切攝一塵故，是爲卷舒自在也。」這裡更是明確地講，一塵和一切事也是相入相即的，所以，法藏講「一切即一」和「一即一切」，實際上是從理事無礙法界進而論述事事無礙法界。

勒十玄第七〔一〕

一、金與師子，同時成立，圓滿具足〔二〕，名同時具足相應門〔三〕。

二、若師子眼收師子盡〔四〕，則一切純是眼〔五〕；若耳收師子盡，則一切純是耳〔六〕。

諸根同時相收，悉皆具足〔七〕，則一一皆雜，一一皆純，爲圓滿藏〔八〕，名諸藏純雜具德門〔九〕。

三、金與師子〔一〇〕，相容成立，一多無礙〔一一〕；於中理事各各不同〔一二〕，或一或多，各住自位〔一三〕，名一多相容不同門〔一四〕。

四、師子諸根〔一五〕，一一毛頭，皆以金收師子盡〔一六〕。一一徹徧師子眼，眼卽耳，耳卽鼻，鼻卽舌，舌卽身〔一七〕。自在成立，無障無礙〔一八〕，名諸法相卽自在門〔一九〕。

五、若看師子〔二〇〕，唯師子無金〔二一〕，卽師子顯金隱〔二二〕。若看金，唯金無師子，卽金顯師子隱〔二三〕。若兩處看〔二四〕，俱隱俱顯〔二五〕。隱則祕密，顯則顯著〔二六〕，名祕密隱顯俱成門〔二七〕。

六、金與師子〔二八〕，或隱或顯，或一或多〔二九〕，定純定雜，有力無力〔三〇〕，卽此卽彼，主伴交輝〔三一〕，理事齊現，皆悉相容〔三二〕，不礙安立，微細成辦〔三三〕，名微細相容安立門〔三四〕。

七、師子眼耳支節〔三五〕，一一毛處，各有金師子〔三六〕；一一毛處師子〔三七〕，同時頓入一毛中〔三八〕。一一毛中，皆有無邊師子〔三九〕；又復一一毛，帶此無邊師子，還入一毛中〔四〇〕。如是重重無盡，猶天帝網珠〔四一〕，名因陀羅網境界門〔四二〕。

八、說此師子，以表無明；語其金體，具障真性〔四三〕；理事合論，況阿賴識，令生正解〔四四〕，名託事顯法生解門〔四五〕。

九、師子是有爲之法，念念生滅〔四六〕。剎那之間，分爲三際〔四七〕，謂過去現在未來。此三際各有過現未來〔四八〕；總有三三之位，以立九世，卽束爲一段法門〔四九〕。雖則九世，各各有隔，相由成立，融通無礙，同爲一念〔五〇〕，名十世隔法異成門〔五一〕。

十、金與師子，或隱或顯，或一或多，各無自性，由心迴轉〔五二〕。說事說理，有成有立〔五三〕，名唯心迴轉善成門〔五四〕。

校釋

〔一〕此段【還註】作：第七勒十玄門，一、同時具足相應門，二、一多相容不同門，三、祕密隱顯俱成門，四、因陀羅網境界門，五、諸藏純雜具德門，六、諸法相卽自在門，七、微細相容安立門，八、十世隔法異成門，九、由心迴轉善成門，十、託事顯法生解門。案：此十門的順序，除第一同時具足相應門外，其他和淨源的金師子章雲間類解本都不相同。

此段【勘文】、【顯鈔】作：一、同時具足相應門，二、一多相容不同門，三、秘密隱顯俱成門，四、因陀羅網境界門，五、諸藏純雜具德門，六、諸法相卽自在門，七、微細相容安立門，八、十世隔法異成門，九、唯心迴轉善成門，十、託事顯法生解門。案：排列順序和承遷註本相同，而和金師子章雲間類解本相異。其中所題「唯心迴轉善成門」和承遷註本的「由心迴轉善成門」文有異，而和金師子章雲間類解本同。

【遷註】緣起交映，法法重重。

【類解】以義分教，教類有五，前四，小大始終漸頓皆偏，今示圓融，故次第七勒十玄也。

【勘文】五教章中云：「略立十義門以顯無盡。何者爲十？一教義，卽攝一乘三乘乃至五乘等一切教義，餘下準之。二理事，卽攝一切理事。三解行，卽攝一切解行。四因果，卽攝一切因果。五人法，卽攝一切人法。六分齊境位，卽攝一切分齊境位。七師弟法智，卽攝一切師弟法智。八主伴依正，卽攝一切主伴依正。九隨生㈠根欲示現，卽攝一切隨生㈡根欲界示現。十逆順體用自在等，卽攝一切逆順體用自在等。此等十門爲首，能各總攝一切法，成無盡也。」

【顯鈔】十玄者，略名也。具名十玄緣起無礙法門義，總有十義門，以顯無盡。問：何以知以十顯無盡耶？答：今宗意立十句顯無盡也。故至相（卽智儼）十玄門釋同時具足相應門云：「然此十門體無前後相應，既其具此十門，餘因陀羅等九門，亦皆具此十門。何但此十門，其中一一皆稱周法界。所以舉十門者，成其無盡義也。」經說數多十句法門，宗家皆判爲十十無盡義。十地論云：「一

㈠「生」，華嚴五教章作「其」。
㈡「生」，華嚴五教章作「其」。

切十句，皆有六相。」六相圓融，主伴具足，爲無盡法門也。

【案】勒，統御，統括説明。　十玄，是華嚴宗所謂總攝宇宙萬物，統一佛教教法，進而通向成佛的十個玄妙的法門。十玄學説的首創者是被奉爲華嚴宗二祖的智儼（詳見所著華嚴一乘十玄門），法藏繼承和發展智儼的十玄思想。由于法藏常常修正自己的説法，所以，十玄思想前後並不一致，其中他所著華嚴經探玄記的十玄緣起的説法最爲晚出，後來華嚴宗四祖澄觀據此作爲定論。法藏在華嚴金師子章講的十玄是：性相、純雜、一多、相卽、隱顯、微細、帝網、託事、十世和唯心。十玄是一種所謂觀察事物、求得真理的法門，卽達到對現象與現象、現象與本體、心與萬物圓融無礙的悟解，完全領會宇宙萬物重重無盡、事事無礙的教義。具有十玄的觀法，就是進入成佛的境界。這樣，十玄説又是對成佛境界的闡發和描繪。法藏宣揚十玄説的目的是要説明佛法是一個整體，佛教各種法門是互相會通、圓融自在的；要論證一切衆生本來具足一切理性和功德，不必假於修成，而能隨緣顯現十玄無盡的境界。也就是説佛和衆生只是迷悟的不同，一旦具有十玄無盡緣起的悟解觀法，衆生也就成爲佛。

〔三〕在「金」字上，【遷註】有「謂」字。

在「金」字上，【勘文】有「此」字。

【遷註】喻依法界體起諸事法，隨舉一法具一切法，别有差别，非造玄也。

【類解】師子六根，與金同時成立，以表人法、因果、體用悉皆具足。妙嚴品云：「一切法門無盡海，同會一法道場中。」

〔三〕此句【還註】在「名」上有「故」字。

【勘文】無「名」字。

【類解】大疏云：「如〔大〕海一滴，〔即〕具百川〔之〕味。」

【案】「同時具足相應門」，是說金體和獅子互相對應，互相聯繫，成一緣起，顯現爲金獅子。也就是說，事物是同時圓滿地具足了一切，即所謂「依法界體起諸事法」（承還註）。這一門的宗教意義是，佛教各種法門彼此相應，共同爲成佛的根據。

【勘文】（五教章）又云：「同時具足相應門，此上十義，同時相應成一緣起，無有前後、始終等別，具足一切自在逆順，參而不雜，成緣起際，此依海印三昧，炳然同時顯現成矣。」

【顯鈔】言金與師子同時成立等者，謂金與師子相對，成能成立，所成立也。以金爲能成立，以師子爲所成立，即師子諸根支分，一同依金得成立。金與師子成，無前後故，云同時。金本非師子，遇緣爲師子，云成立。毛孔諸根，皆金性普遍，云圓滿。毛孔諸根皆無闕，云具足。此約文相說。若依實義，能成立十義，一教義，二理事，三解行，四因果，五人法，六分齊境位，七師弟法智，八主伴依正，九順隨生根欲示現，十逆順體用自在等。約金師子上顯十義者，師子名爲教，金體爲義。（一）師子爲事，金爲理。（二）知師子爲解，御師子爲行。（三）師子修相爲因，師子成立爲果。（四）師爲人，即金爲法。（五）同一金性各住諸根分位，爲分齊境位。（六）開示金師子爲師，相成爲弟子，順師説生決斷爲法智。（七）舉一師子爲主，餘爲伴。以主爲正，以伴爲依。（以主伴爲正作。出至相釋。）或師子爲正，師子所居臺座等爲依。（八）以金與師子同時生滅有無隨人意取之，爲隨生根欲示現。（九）金與師子體用成壞自在，爲逆順體用自在。（十）若約法説者，清涼大疏云：「教即能詮，即前五教乃至光香等義。即所詮，即五教等一切義理，理即生空所顯。二空所顯無性真如等理事。即心色身九等事，餘可思准。」（又可見十玄門等。）此上十義，同時相應成師子，爲第一門。言名同時具足相應門者，結名，謂於十門中，此門總故，餘門皆具足。清涼云：「如大海一滴，即具百川之味。」十種之德故。隨一法攝無盡法及下九門，以此門總故。同時明無先後，具足明無所遺也。（相應義。如次上釋。）可知。

【總釋】這一門是説，金與獅子形相同時緣起成立，無先無後，圓滿地具足了金體與獅子的一切。也就是説，本體和現象是互相適應、互相聯繫、互相依存，同時完滿具足的。

〔四〕【遷註】作「謂若以眼收師子盡」。

【勘文】作「此師眼收師子盡」。

【顯鈔】作「此師子眼收師子盡」。

【案】「師子眼收師子盡」，是説獅子的眼包容收盡了整個獅子相。

〔五〕此句【勘文】、【顯鈔】「則」作「即」。

【遷註】就以上二句作註云：如以布施一行，收盡一切行，總名布施故，號曰純也。

【案】純，純粹，純一。「一切純是眼」，整個獅子的一切都是獅子眼。

〔六〕下句【勘文】、【顯鈔】「則」作「卽」。

【類解】就以上四句作註云：眼耳互收，純一事故。

〔七〕上句【遷註】作「若諸根同時相收」。

上句【勘文】、【顯鈔】作「若諸相同時相收」。案：「諸相」應爲「諸根」。

下句【勘文】無「悉」字。

下句【顯鈔】作「盡皆具足」。

【類解】會諸根之同，例眼、耳之別。

【案】諸根，指眼、耳、鼻、舌、身這些器官。佛教認爲，眼、耳等對色、聲等能生起感覺，卽對識的生起有增上力用，所以叫做根。「諸根同時相收，悉皆具足」，是説眼、耳、鼻、舌、身各個根同時包容收盡整個獅子相。

〔八〕以上三句【遷註】作「一一皆純，一一皆雜，是圓滿藏」。

以上三句【勘文】、【顯鈔】作「卽一一皆純，皆雜，亦一一皆是圓滿藏故」。

【遷註】萬行同時，更互莊嚴，純雜無礙。

【類解】眼卽耳等，皆雜也。如菩薩入一三昧，卽六度皆修，無量無邊諸餘行德，俱時成就，故名爲雜耳，非眼等皆純也。又入一三昧，唯行布施，無量無邊，更無餘行，名之爲純。卽教義章云：「純雜自在，無不具足，名圓滿藏。」

【案】雜，駁雜不純。「一一皆雜」，是說眼、耳等諸根各各不同。「一一皆純」，是說眼、耳等諸根均能包容整個獅子相，而各各顯現爲純一無別。圓滿藏，藏是蘊積、包容的意思。由於眼、耳等諸根能同時包容獅子相，圓滿自足，叫做圓滿藏。

〔九〕此句【遝註】「名」上有「故」字。

【勘文】、【顯鈔】「名」作「言」。

【類解】此名依至相立，賢首新立廣狹自在無礙門。故大疏云：「如徑尺之鏡，見千里之影。」

【案】「諸藏純雜具德門」，是說各種事物純一駁雜互相包容，無障無礙，圓滿自足。就宗教實踐來說，踐行某一法門時純是此一法門，是「純」；踐行不同法門時則含有一切差別，是「雜」，而不論純、雜，均是自在圓滿具足的。關於「諸藏純雜具德門」，後來法藏改爲「廣狹自在無礙門」，所謂「廣狹自在無礙門」是說每一現象一方面能够普遍適應一切現象，這可以說是廣；另一方面仍然保持自身的本性，這可以說是狹。每一現象同時具有廣狹兩個不同的方面，自在自足，無障無礙。

【勘文】（五教章）又云：「諸藏純雜具德門，此上諸義或純或雜，如前人法等。若以人門取者，即一切皆人，故名爲純。又即此人門，具含理事等一切差別法，故名雜。又如菩薩，入一三昧，唯行布施，無量無邊，更無餘行，故名純。或入一三昧，即施戒度生等，無量無邊，諸餘雜行俱成就也，如是繁興法界，純雜自在，無不具足者矣，宜可思准之。」

【顯鈔】前門於一一諸根，師子遍入卽諸根中，有師子全體。此諸根收師子盡，師子全體純成別根，離此無別物。謂眼收師子盡，唯一眼無別耳等，是故云一切純是眼等。此門有純雜二義，此舉純門，約人法云之。以人門取者，卽一切皆人；以法門取者，一切皆法也。言若諸相同時等下，明雜門。諸相者，於金師子中含一切法，謂理事等，此於諸相中，就一門取之，一切皆一門也。若就十義同時取之，名雜也。卽一一皆純皆雜者，於此門中有無邊諸法，明於此諸法中有純雜義，謂一一見施戒等別體，名皆純。有無邊諸法，名皆雜也。卽於雜門中，純雜二義并具足也。亦一一下，明當門物總意，就此純雜門成一師子，師子卽圓滿純雜德。此門能藏故，名圓滿藏也。故言下，結門名，可知。

【總釋】這一段話是講，如果用金獅子眼去包容攝盡整個獅子相，那末整個獅子純粹都是眼；如果用獅子耳去包容攝盡整個獅子相，那末整個獅子純粹都是耳。其它鼻、舌、身各根也這樣各各都能包容攝盡整個獅子相。由此，眼、耳等各根互有不同，是一一都雜；眼、耳等各根又可分別包容攝盡整個獅子相，是一一都純。既雜又純，互具功德，圓滿自足，叫做「諸藏純雜具德門」。這一門是講理事相卽無礙的教理。任何現象（「事」）都是完整的本體（「理」）的體現，就現象來說，由於與其他現象不同，而表現爲雜；就本體通過它所體現出來的現象可以包含其他一切現象來說，又表現爲純。這樣既爲雜又爲純，互不妨礙，互不矛盾。法藏在華嚴義海百門鎔融任運門第四中說：「理不礙事，純恒雜也；事恒全理，雜恒純也。由理事自在，純雜無礙也。」意思也是一致的。

〔一〇〕此句【還註】「金」上有「謂」字。

〔一一〕【類解】多容一，則六根成立；一㊀容多，則師子無殊。

【案】「相容成立」，是說金體和獅子互相融合在一起成爲金獅子。　一，指金體。　多，指師子相。

〔一二〕上句【勘文】、【顯鈔】在「理事」下有「諸相」兩字。

【類解】金性喻理，師子喻事，二雖互容，性相各別。

【案】理，指所謂無差別的平等的本體。　事，指事相、現象。　「於中理事各各不同」，指「性相各別」（淨源解），就是說金體和獅子相融合，而其中無差別的本體（金）和有差別的現象（獅子）是不相同的。

〔一三〕上句【還註】缺「或一」二字。

【類解】此經偈云：「以一佛土滿十方，十方入一亦無餘。世界本相亦不壞，無比功德故能爾。」

【還註】就此段作註云：如稱理之行，一一各容一切諸法，亦一一各具一切諸行，雖相容本不動也。

【案】「各住自位」，是講本體（「一」）和現象（「多」）各不相同，各有自己的分位。

〔一四〕此句【還註】「名」上有「故」字。

㊀「一」，原作「多」，今改。

【類解】大疏云：「若一室之千燈，光光相涉。」

【案】一多相容不同門，是説本體和現象相容成立而又互不相同。從宗教上説是，佛教的各種法門雖然彼此有別，但是任何一種法門都能包含其他法門的内容。

【勘文】（五教章）又云：「一多相容不同門，此上諸義，隨一門中，卽具攝前因果理事一切法門。如彼初錢中卽攝無盡義者，此亦如是。然此一中，雖具有多，仍一，非卽是其多耳。多中一等，准上思之。餘一一門中，悉如是重重無盡也。此經偈云：『以一佛土滿十方，十方入一亦無餘。世界本相義亦㊀不壞，無比功德故能爾。』然此一多雖復相容含受，自在無礙，仍體不同也。所由如上錢義中釋。此有同體異體，准上思之可解。」

【顯鈔】金與師子無別體，故互有相容義。謂依金有師子，此金容師子也。離師子無金，故師子諸毛盡金，此師子容金也。如此相容無礙，有金師子成立，是故云金與師子相容成立。言一多無礙者，謂一入多，多入一，一卽多，多卽一，故云無礙。宗家明此義總有二門，一異體門，二同體門。就異體門中，有二門，一相入，二相卽。先明相入，於師子十毛上説之，此亦有二門，一向上去，二向下來。初向上去者，一一毛是本數，何以故？緣成故。二一毛中二毛，何以故？緣成故。若無一毛卽二毛不成故，卽一毛有全力攝於二毛也。仍二毛非一毛，三一毛中三毛，四一毛中四毛，五一毛中五毛，六一毛中六毛，七一毛中七毛，八一毛中八毛，九一毛中九毛，十一毛中十毛，何以

㊀「亦」，據華嚴五教章補。

故？緣成故。若無一毛卽十毛不成，故卽一毛有全力攝十毛也。仍十毛非一毛，餘九門亦如是。謂一二毛是本數，何以故？緣成故。二三毛中一毛，何以故？緣成故。若無二毛，卽一毛不成故，卽二毛有全力攝於一毛也。仍一毛非二毛，三二毛中三毛等，乃至十二毛中十毛，何以故？緣成故。若無二毛，卽十毛不成故。卽二毛有全力攝十毛也。仍十毛非二毛。餘門准之可知。第二向下來亦有十門，一十毛是本數，何以故，緣成故。二十毛卽攝九毛，乃至十十毛卽攝一毛，何以故？若無十毛，卽一毛不成故。卽一毛無全力歸於十毛故。仍一毛非十毛，餘例亦然如是。本末二門中，各具十門。餘一一毛中，准以思之。已上明相入義已。

次相卽義者，又有二門，一向上去，二向下來。初門有十門，一一毛，何以故？緣成故。一毛卽十毛，何以故？若無一毛，卽無十毛故，由一毛有體，餘毛皆空故，是故此一毛卽是十毛。如是向上乃至第十，皆各如前准可知。言向下來者，亦有十門，一十毛。何以故？緣成故。十毛卽一毛，何以故？若無十毛卽無一毛故，由一毛無體，是餘毛有故，是故此十毛卽是一毛矣。如此向下乃至第一毛，皆如前准可知。以此義故，當知一一毛卽是多毛耳。

第二同體門者，又有二門，一一中多，多中一，二一卽多，多卽一。初門又有二，一一中多，二多中一。初一中多者，有十門不同一一毛，何以故？緣成故。是本數一毛中，卽具十毛，何以故？由此一毛自體是一，亦復與二毛作一，故卽爲二一，乃至與十毛作一故，卽爲十一毛。是故此一毛中，卽自有十箇一毛，仍一毛非十毛也。初一毛已爾，餘二、三、四已上九毛中，皆各如是，准例可知耳。一多中一亦有十門，一十毛，何以故？緣成故。十毛中一毛，何以故？由此一毛與十毛作一毛故，卽彼初一毛，在十一毛之中，以離十一毛卽無初一毛故，是故此一毛卽十毛中一毛也，仍十毛非一毛也。餘下九、八、七毛乃至於一毛，皆各如是，准例思之。第二一卽多，多卽一義，亦有二門，初一卽多有十門不同，一一毛，何以故？緣成故。一毛卽十毛，何以故？由此十一毛卽是初一毛故，無別自體故，是故此十毛卽是一毛也。餘九毛皆如是。二多卽一亦有十門不同，一十毛，何以故？緣成故。十毛卽一毛，何以故？以彼初一毛卽是十毛故，更無自一毛，是故初一毛卽是十毛也。餘九門，准例思之。

問：此門與前異體門何別耶？答：香象大師釋云：「前異體者，初一望後九異門相入耳。今此同體，一中自具十，非望前後異門說也。」卽義亦准思之。至相大師（卽智儼）釋云：「前異體門言一中十者，以望後九，名一中十。此門言一中十者，卽一中有九故，言一中十也。」問：若一中卽有九者，此與前異體門一卽十，有何別耶？答：此中言一有九者，有於自體九，而一不是九，若前別體門說者，一卽是彼異體十等，而去十不離一。又云，問：此中言自體一卽十者，與前同體一中十，有何別耶？答：前明同體中有十，而一非是十。此明一卽十，而一卽是十，以爲異也。（已上至相十玄門釋也，彼云：「異體門中有二，一者一中多多中一，二者一卽多多卽一。同體門亦爾」云云。故有此釋也。廢立雖少殊，同異二門建立大體同之。故引之。）於此金師子諸根毛孔，有如此一多自在義故，云一多無礙。言於中理事諸相各各不同者，理事等十義，如第一門說，於十門中一一皆具也。十義非一云諸相，行相名別云各各不同。言或一或多各住自位者，如上一多義，隨智而成。須一卽一，須十卽十。如經云，譬如數十法，增一至無量，皆悉是本數，智惠故差別。一多無自性，皆無性緣成一多也。然各一非十，十非一故，云各住自位。言各一多相容不同門者，結門名也。

【總釋】這一門是說，本體（理）是一，現象（事）是多。一方面，每一現象都是本體理的體現，所以，多就是一，一就是多。法藏說：「一全是多，方名爲一；又多全是一，方名爲多。多外無別一，明知是多中一；一外無別多，明知是一中多。良以非多，然能爲一多；非一，然能爲多一。」（華嚴義海百門鎔融任運門第四）一與多相容無礙。另一方面，一仍是一，多仍是多；本體是本體，現象是現象。金是理，獅子是事；金是一，獅子是多。「各住自位」，各有其相應的地位而互不相同。這就是本體與現象既互相鎔融又互不相同的關係。

〔一五〕此句【遷註】「師子」上有「謂卽」兩字。

〔一六〕下句【遷註】作「皆各以金收師子盡」。

下句【勘文】作「皆各金收師子盡」。

下句【顯鈔】作「皆各全收師子盡」。案：「全」字係「金」字之誤。

【遷註】喻法界緣起，一切諸法皆互相卽相遍也。

【類解】諸根諸毛，各攝全體。

【案】皆以金收師子盡，是說獅子的諸根諸毛各以其金體包容收盡整個獅子相，也就是說，獅子的各種相都是金體的顯現。淨源解：「諸根諸毛，各攝全體。」所言甚是。

〔一七〕以上五句【遷註】作「一一皆徹師子眼，眼卽耳，耳卽鼻」。無「鼻卽舌，舌卽身」六字。以上五句【勘文】作「一一皆徹遍師子，耳卽眼，眼卽鼻」。無「鼻卽舌，舌卽身」六字。以上五句【顯鈔】作「一一皆徹遍，卽師子耳卽眼，眼卽鼻」。無「鼻卽舌，舌卽身」六字。

【類解】諸根相卽，體非用外。

【案】一一徹徧師子眼，是說獅子的每一根每一相都具備獅子眼，也就是說獅子眼徧布整個獅子。眼卽耳，是說獅子的眼就是獅子的耳。

〔一八〕以上二句【遷註】僅作「無礙無障」，無「自在成立」四字。以上二句【勘文】、【顯鈔】作「無障礙故」，無「自在成立」四字。

【遷註】對「一一皆徹師子眼，眼卽耳，耳卽鼻，無礙無障」作註云：喻布施卽九度，多行卽一行也。

【類解】經云：「一卽是多多卽一，文隨於義義隨文。」

【案】自在成立：是說眼、耳等根相又彼此分別，各自成立。

〔一九〕此句【遷註】、【顯鈔】「名」上有「故」字。此句【勘文】「名」作「故」。

【類解】大疏云：「如金與金色，二不相離。」

【案】相卽，不離，不二，不同性質的東西彼此依存，並可以衍化爲等同的關係。

諸法相卽自在

門，是説各種現象既彼此相依相卽，又各自存在。也就是説，佛教各種法門是圓融自在的。

【勘文】（五教章）又云：「諸法相卽自在門，此上諸義，一卽一切，一切卽一，圓融自在無礙㊀成耳。若約同體門中，卽自具足攝一切法也。然此自一切復自相卽入，重重無盡無盡㊁故也。然此無盡能悉在初門中也。故經云：『初發心菩薩，一念功德深廣無邊際，如來分別說，窮劫不能盡。何況於無量無數無邊劫，具足修諸度諸地功德行義。』言一念卽深廣無邊者，良由緣起法界一卽一切故耳。如彼同體中，一錢卽得重重無盡義者，卽其事也。何況無邊劫者，卽一一門中，各顯無盡義者是也。所以爾者，此經又云：『初發心菩薩卽是佛故』也。由此緣起妙理始終皆齊，得始卽得終，窮終方原始，如上同時具足，故得然也。又云：『在於一地普攝一切諸地功德』也，是故得一卽得一切。又云：『知一卽多，多卽一故』也，十信終心卽作佛者，卽其事也。」

問：如同體一門中卽攝一切無盡者，爲一時俱現前後耶？答：於一門中，一時炳然，現一切者，屬微細攝。隱㊂映互現重重者，屬因陀羅攝。餘義卽同卽異，卽多卽少㊃，卽有卽無，卽始卽終，如是自

㊀「無礙」，據華嚴五教章補。

㊁華嚴五教章無下「無盡」二字。

㊂「隱」，據華嚴五教章補。

㊃「少」，原作「小」，今改。

在具足一切無盡法門。仍隨舉一爲首，餘卽爲伴。道理一不差失，舊來如此。辯同體一門中，具足自在無窮德耳。餘異體等門中，亦准思之。問：若一門中卽是㈠一切無盡自在者，餘門何用爲？答：餘門如虛空。何以故？同體一門並攝一切無盡故。問：此同體門中所攝一切者，但應攝自門中一切，豈可攝餘門中一切耶？答：既攝自一切，復攝餘一一門中無盡一切，如是重重窮無㈡法界也。何以故？圓融法界無盡緣起，無一一切，並不成故，此但論法性家實德故，不可說其㈢無㈣邊量故。此經偈云：『不可言說諸劫中，演說一切不可說；不可說劫猶可盡，說不可說不可盡。』又偈云：『一切衆生心，悉可分別知。一切刹微塵，尚可算其數。十方虛空界，一毛猶可量。菩薩初發心，究竟不可測。』良由此一乘圓極自在無礙法門，得一卽得一切故耳。因果俱齊，無前後別故。地論云：『以信地菩薩，乃至與不可㈤思議佛法爲一緣起。』以六相總別等義而用括之，明知因果俱時相容相卽㈥各攝一切，互爲主伴，深須思之，此事不疑。又經云：『何以故？此初發心菩薩卽是

㈠「是」，華嚴五教章作「具足」。
㈡「無」，華嚴五教章作「其」。
㈢「故，此但論法性家實德故，不可說其」十四字，據華嚴五教章補。
㈣華嚴五教章「邊量」上無「無」字。
㈤「可」，據華嚴五教章補。
㈥「卽」，據華嚴五教章補。

佛故。悉與三世諸如來等，亦與三世佛境界等，悉與三世正法等，得如來一身無量身，三世諸佛平等智慧，所化衆生皆悉同等。』又云：『初發心時便成正覺，具足慧身不由他悟。』如是云云無量，廣如經文。

問：此等㊀歎因中德耳，豈可卽果德耶？答：此一乘義，因果同體，成一緣起，得此卽得彼，由彼此相卽故。若不得果㊁者，因卽不成因，何以故？不得果故非因也。問：上言果分離緣不可說相，但論因分者，何故十信終心，卽辯作佛得果法也？答：今言作佛者，但初從㊂見聞已去，乃至第二生卽成解行，解行終心因位窮滿者，於第三生卽得彼究竟自在圓融果矣。由此因體依果成故，但因位滿者，勝進㊃卽沒於果海中也。是證境界故，不可說耳。此如龍女及普莊嚴童子、善財童子、兜率天子等，於三生中卽翹㊄彼果義等，廣如經辯，應准思之。問：上言一念卽作佛者，三乘㊅中已有此義，與此何別？答：三乘望理爲一念卽作佛，今此一乘，一念卽得具足一切教義，理事因果等。

㊀「等」，據華嚴五教章補。
㊁「果」，據華嚴五教章補。
㊂「初從」，華嚴五教章作「從初」。
㊃華嚴五教章無「勝進」二字。
㊄「翹」，華嚴五教章爲「克」。
㊅「乘」，據華嚴五教章補。

如上一切法門，及與一切衆生，皆悉同時同時㈠作佛。後後能㈡新新斷惑，亦不住學地而成正覺，具足十佛以現無盡逆順德故，及因陀羅微細九世十世等，遍通諸位；謂十信終心已去，十解、十行、十迴向、十地及佛地等同時遍成，無有前後，具足一切耳。然此一念與百千劫無有異也，宜須思之。」

【顯鈔】前第四門，於師子諸根，各各收師子全體盡，諸根一一有師子。第五門諸根收師子，師子全體純是眼等，眼外無別體。（此門有純雜義，此卽純義也。）此第六門，師子諸根毛頭收師子，師子全體成眼等，而眼等諸根別別自在成立，是故云皆各全收師子盡也。言一一皆徹遍者，謂師子全體徹遍眼，此眼卽耳、鼻、舌、身等。如彼同體門中，本數一徹遍二、三、四、五等中，而此一卽二、三、四、五等。然此眼所攝耳、鼻、舌等，亦卽入重重無盡。然此無盡耳鼻，皆悉在初門眼中，諸根體用相作自在故，云耳卽眼等。如是相卽自在，故云自在成立無障礙也。此依相卽門收師子全體，故一一徹遍，全體分根，自在成立也。是故第四、第五、第六三門，有皆收師子言。言同意別，得三門義思之，分齊全別矣。此約金師子譬喻說。若依法說者，十身互相作，謂如經所說，以衆生身作自身，亦作國土身等十身。而不壞其相，若壞相非不思議。亦一刹入一切刹等，乃至十信、三賢、十聖、二覺相攝無礙，初發心時便成正覺等義，皆由有此義也。問：此相卽門意，諸法互相卽、相入，

㈠ 華嚴五教章一連共有十個「同時」，此略去八個。

㈡ 「後後能」，華嚴五教章作「後皆」。

無盡重重，與上因陀羅門，有何差別耶？答：約金師子說者，眼等自體，重重映現，即因陀羅門攝也。眼耳等相望即入無盡，即此門意也。謂眼中有眼，此眼中亦有眼，如上所引帝網影現喻，此眼等重重無盡者，設雖不望耳等，可名因陀羅。眼耳等別相相望，互即入者，設雖眼與眼不融，可名相即門。譬如一聚松林無邊者，是爲因陀羅門。如松柳等諸樹無邊者，是相即門，有此不同也。故至相十玄門云：「若就隱映相應㊀互相顯發，重重復重重，成其無盡者，即是因陀羅門攝」，乃至「若就三世間㊁圓融，無礙自在，相即復相入，成其無盡復無盡者，即此門攝」。（此門者，相即門也。）結名可知。

【總釋】這一段是講，金獅子的眼、耳、鼻等各個根和每一根毛，由於都是金做成的，因而各各都能包容收盡整個金獅子。由此每一個根也都遍布整個獅子。同樣，金獅子的眼也就是金獅子的耳，金獅子的耳就是金獅子的鼻，金獅子的鼻就是金獅子的舌，金獅子的舌就是金獅子的身。金獅子的各個根既互相依存，互相等同，又各自存在，這叫「諸法相即自在門」。前一門「一多相容不同門」着重講本體（理）與現象（事）的相容和不同的關係，而「諸法相即自在門」則着重講現象與現象之間的相即而又相異的關係。法藏認爲在這種關係中，被攝而入於對方的一方，是「廢己同他」，與對方合爲一體；能攝而包含對方的一方，是「攝他同己」，使對方與自己合爲一體。

㊀「相應」二字據十玄門補。

㊁十玄門無「間」字。

〔三〇〕此句【遷註】在「若看師子」上有「謂」字。

此句【顯鈔】作「若著師子」。案：「著」爲「看」之誤。

〔三一〕此句【遷註】作「唯見師子無金」。

此句【勘文】、【顯鈔】作「卽唯師子無金」。

【案】若看師子，唯師子無金，是說如果專注意獅子形相，就只看到獅子而看不到金體。

〔三二〕此句【遷註】「卽」作「則」。

此句【勘文】、【顯鈔】作「卽金隱師子顯」。

【遷註】就以上三句作註云：喩事能隱理。

【類解】就以上三句作註云：相顯性隱。

【案】顯，顯現。　隱，隱没。

〔三三〕第三句【遷註】「卽」作「則」。

第二句【勘文】、【顯鈔】在「唯」上有「卽」字。

【遷註】就以上三句作註云：喩理能隱事也。

【類解】就以上三句作註云：性顯相隱。

〔三四〕此句【勘文】、【顯鈔】無「若」字。

〔三五〕此句【遷註】作「俱顯俱顯」。案：前「顯」字應爲「隱」字。

此句【勘文】【顯鈔】作「卽俱顯俱隱」。

【類解】就以上二句作註云：性相同時，隱顯齊現。

【案】俱隱俱顯，如淨源所解「性相同時，隱顯齊現」，是説獅子和金體都有隱，都有顯，隱或顯同時出現。

〔二六〕以上二句【勘文】【顯鈔】作「隱卽名祕密，顯卽名顯著」。

【類解】賢首品云：「東方入正受，西方從定起。」

〔二七〕此句【遷註】、【勘文】、【顯鈔】「名」上有「故」字。

【類解】大疏云：「若片月澄空，晦明相並。」

【案】祕密隱顯俱成門，是説獅子和金體的祕密顯著同時存在，同時成就。佛教各種法門或隱沒或顯現，也都俱時成就功果。

【勘文】（五教章）又云：「祕密隱顯俱成門，此上諸義，隱復顯了，俱時成就也。故此經云：『於此方入正受，他方三昧起，眼入正受㊀，色塵三昧起』等。又云：『男子身中㊁入正受，女人身中㊂三昧

㊀此句華嚴五教章作「眼根入正定」。

㊁「中」字據華嚴五教章補。

㊂「中」字據華嚴五教章補。

起』等。於一微塵入正受，一切微塵三昧起，一切微塵入正受㈠，一毛端頭三昧起㈡，如是自在，此隱彼現，正受及起定同時，祕密成矣。又此經云：『十方世界有緣故，往返出入度衆生，或見菩薩入正受，或見菩薩從定起。』又云㈢：『於彼十方世界中，念念示現成正覺，轉正法輪入涅槃，現分舍利度衆生。』如是無量，廣如經辯。又如佛爲諸菩薩受記之時，或現前受記，或不現前祕密受記等。如上第一錢中十錢名爲顯了，第二錢望第一錢中，十㈣卽爲祕密，何以故？見此不見彼故，不相知故，雖不相知見，然卽此成彼，成故名俱成也，應如是准思之。」

【顯鈔】正見師子，從頭至足，皆師子相。離師子外，別不見金，故云金隱師子顯等。正見金，從頭至足唯是一聚金也，離金，別師子相不存，故云金顯師子隱等。次兩處看者，上明別顯別隱義，今顯上二義，金與師子兩處上轉，謂顯俱則無隱，隱俱則無顯，故不得俱。然隱顯同時得俱成。故探玄記云：「顯顯不俱，隱隱不并，隱顯顯隱，同時無礙。」故云俱顯俱隱也。問：何爲隱顯義耶？答：衆多法體中，見此不見彼故，有隱顯義。摩耶夫人於此一處爲菩薩母，他方世界亦爲菩薩母亦然。此處爲母爲顯，彼爲隱等，可准知。又經云，「於此方入正受」，顯也。「他方三昧起」，隱也。

㈠華嚴五教章無「一切微塵三昧起，一切微塵入正受」二句。

㈡「起」字據華嚴五教章補。

㈢「云」字據華嚴五教章補。

㈣「十」字據華嚴五教章補。

「眼根入正受」，顯也。「色塵三昧起」，隱也。此隱顯俱時成就，非前後異時。清涼云：「如八九日，月半顯隱，正顯卽隱。不同晦月，隱時無顯；不同望月，顯時無隱。以一攝多則一顯多隱，以多攝一則多顯一隱。一毛攝法界，則餘毛法界皆隱，餘一一毛互相攝入，隱顯亦然。然其半月非但明與晦俱，而明下有晦，晦下有明。如東方入正定爲一半明，西方從定起爲一半晦。而東入處卽於東起，如明下有暗；西方起處，卽於西方入，如暗下有明。故稱祕密隱顯俱成。」言隱卽名祕密、顯卽名顯著著㊀，如次釋隱顯義。下句結門名可知。問：如上所引清涼釋，以隱顯同時義名祕密。又至相大師十玄門云：「而此隱顯體無前後故，言祕密。」此亦以同。卽祕密之言，俱名于隱顯。然今章中，於隱顯言有祕密，顯著別名，豈非相違耶？又依此義門名有重言無用過，謂隱言卽祕密也。有何用重云祕密，唯可云隱顯門，或可云祕密顯著門，何相違耶？答：門名如上所釋，以隱顯同時義，故名祕密。祕密言俱名隱顯也。至隱卽名祕密等釋者，唯釋隱覆顯了義，非釋門名也，可知。

【總釋】這一門是說，如果注意看師子（喻現象），那末，師子會顯現出來，而金（喻本體）隱没；如果注意看金，那末，金顯現出來，而師子隱没。如果既注意看師子又注意看金，那末，師子和金都有隱没和顯現。這樣，師子和金，卽現象和本體的隱現同時存在，叫做「祕密隱現俱成門」。

〔二八〕此句【還註】「金」上有「謂」字。

㊀下一「著」字，應爲「者」字。

此句【勘文】、【顯鈔】缺「金與」二字。

〔二九〕下句【勘文】、【顯鈔】作「若一若多」。

【類解】若觀金時，師子似隱，唯顯一金。觀師子時，金性似隱，具顯諸根。

【案】一，指金體。多，指師子諸相。

〔三〇〕【類解】一體真金，純而有力，六根分異，雜而無力。

〔三一〕以上四句【遷註】作「定散同時，卽此卽彼，有力無力，主伴交輝」。案：以金師子章雲間類解爲佳。

上句【勘文】作「卽彼卽彼」。案：前一「彼」字係「此」字之誤。

【遷註】就「謂金與師子，或隱或顯，或一或多，定散同時」作註云：經云：「汝應觀我諸毛孔，我今示汝，佛境界俱時歷然。」

【類解】此主彼伴，交光互參。

【案】卽此卽彼，就此和就彼。關於主伴，法藏在修華嚴奧旨妄盡還源觀起六觀門中說：「謂以自爲主，望他爲伴；或以一法爲主，一切法爲伴；或以一身爲主，一切身爲伴。」比如，人們注意於獅子，那末獅子就爲主，其餘一切都爲伴。雖然有如此的不同，但是又互不相礙，兩者是交相輝映的。

〔三二〕下句【遷註】作「悉皆相容」。

下句【勘文】作「皆盡相容」。

【遷註】就「卽此卽彼，有力無力，主伴交輝，理事齊現」作註云：所現萬法，海印炳然。

【類解】敎義章云：「猶如束箭，齊頭顯現。」

【案】理事齊現，是說本體和現象一齊顯現。

〔三三〕下句【勘文】、【顯鈔】作「微細成辨故」。案：古辨與辦通。

【遷註】以理成事，事法不定，互相容攝，安立同時。

【類解】經云：「一塵中有無量刹，刹復爲塵說更難。」

【案】微細成辦，如「一塵中有無量刹」，是說極微細的事物都能包容其他一切事物。

〔三四〕此句【遷註】「名」上有「故」字。

【類解】大疏云：「如瑠璃缾，盛多芥子。」

【案】微細相容安立門，是說微細的事物可以包容一切事物。佛教的一切法門，也都於一念中具足。

【勘文】（五教章）又云：「微細相容安立門，此上諸義，於一念中，具足始終同時㊀前後逆順等一切法門，於㊁一念中，炳然同時齊頭顯現，無不明了，猶如束箭齊頭顯現耳。故此經云：『菩薩於一念

㊀「同時」，華嚴五教章作「別時」。「別時」，是。

㊁「於」字據華嚴五教章補。

中，從兜率天降神母胎，乃至流通舍利，法住久遠㈠，及所被益諸衆生等，於一念中，皆悉顯現，廣如經文。』又云：『一毛孔中，無量佛刹，莊嚴清淨，曠然安住。』又云：『於一塵内，微細國土，一切塵等，悉於中住。』宜可如理思之。問：此義與上因陀羅云何别耶？答：重重隱映互現因陀羅攝，齊頭炳然顯著㈡微細攝。此等諸義，並别不同，宜細思之。」

【顯鈔】於此師子一體，有種種義門。而微細安立，言或隱或顯者，指第三門義。言若一若多者，指第二門義。言定純定雜者，指第五門義。言有力無力，卽此卽彼者，指第六門義。於中上四字明相入，下四字明相卽。言主伴交輝理事齊現下，正列上諸義，結屬此門。就中重重所現諸法，舉一爲主，以餘爲伴。各各相望卽入，故云交輝。問：此中主伴言，有何義耶？答：我宗定判，舉諸法必云十十無盡，主伴具足，十十義略如前出。主伴者，謂十十法門主伴交㈢絡故，成無盡也。謂十方一一微塵中，説華嚴經時舉一爲主，以餘爲伴。

問：何故作此主伴，成無盡耶？答：且如華嚴會通塵方無邊刹土，但橫計其數，雖知無盡，未知卽入圓融義，唯三乘一相義，非一乘相圓極説。卽經中説十十皆顯無盡圓融義也。謂主與主相對，伴與伴相對，唯有遍法界義。今取十刹海會，舉一爲主，以餘爲伴。餘九亦互爲主，餘亦爲伴。有空

㈠「遠」，原作「近」，據華嚴五教章改。
㈡「顯著」，原作「現者」，據華嚴五教章改。
㈢「交」，原作「絞」，今改。

有力無力義，相卽相入故，成百門乃至千門重重無盡門，是故旨歸云：「互爲主伴，通有四句。謂主主不相見，伴伴亦不相見。各遍法界，彼此互無故，無相見。主之與伴，其必相見。伴主亦爾，共遍法界，此彼互有故，無不相㈠見。如㈡舍那爲主，證處爲伴。無有主而不具伴故，舍那與證處同遍法界，設於東方證法來處，彼有舍那，還有東方，而來作證。如是一一具具㈢，遠近皆同，遍周法界。一切塵道，無障無礙。思之可見。」釋曰，此就說經說處，餘佛說處與舍那說相對，辨主伴也。不相見中，彼此互無者，不成主伴也。相見中，此彼互有者，成主伴也。經中云說處，此方說華嚴經時，云一切微塵中亦如是說，如彼微塵中說華嚴經時，亦云一切微塵中亦如是說，如是展轉重重無盡無盡。此中舉一方說處爲主，餘爲伴，圍遶以此爲相見。依空有力無力義，如是相成故，如前成之。依此相卽義，見微塵說處也。不爾者，不見之，非如神力反化等，是法性實德也。翻此別取重重伴伴，云不相見。言理事齊現者，理事教義等十義，同時顯現也。十玄義云：「一切法門，於一念中，炳然同時，齊頭顯現，無不明了，猶如束箭，齊頭顯現耳。」言皆悉相容等者，若約譬說者，於金師子一體上，教義、理事等諸義，相容齊現。如彼束箭，齊頭顯現。雖有相違法，無礙安立也。清涼大師釋此門總意云：「炳然齊現，猶彼芥瓶。」解曰，如瑠璃瓶多盛芥子，炳然齊現，不相妨礙，

㈠「相」，據華嚴經旨歸補。

㈡「如」，據華嚴經旨歸補。

㈢「一一具具」，原作「一具一具」，據華嚴經旨歸改。

非前非後也，故云不礙安立。如八相中，一一相内卽具八相，名微細故，云微細成辦㊀。問：此門與因陀羅門有何差別耶？答：因陀羅如上成。此門別者，若無相容義者，諸門各別。由此門故，一時具諸門義。故至相云：「若諸門一時具顯，不相妨礙者，卽是相容門攝。」言故名等者，結名可知。

【總釋】這一段是講，金獅子的金和獅子，或者隱没或者顯現，或者是一或者是多，定爲純定爲雜，是有力是無力，或爲此或爲彼，爲主爲伴，交相輝映。本體（理）和現象（事）一起顯現，互相容納，互不妨礙彼此的成立，就如極微細的事物也能包容其它一切事物，叫做「微細相容安立門」。

〔三五〕此句【遷註】「師」上有「謂」字。

此句【勘文】、【顯鈔】「師」上有「卽此」兩字。

【案】支，通肢，四肢；節，骨骱。支節，此指獅子的四肢和關節。

〔三六〕下句【勘文】、【顯鈔】作「各各全收師子」。

【遷註】小法中含大法。

【案】一一毛處，各有金師子，是説金獅子每一根細小的毛都各各包含有金獅子的全體。

〔三七〕【勘文】作「一一能所師子」。案：「毛處」較「能所」明白易懂。

〔三八〕此句【遷註】、【勘文】「一」下有「莖」字。

㊀「辦」，原作「辨」，二字通，今作「辦」。

此句【顯鈔】「一」下有「塵」字。

【類解】就以上五句作註云：以一切攝一切，同入一中，即交涉無礙門。偈云：「一切佛刹微塵等，爾所佛坐一毛孔。」

【案】一一毛處師子，同時頓入一毛中，是說所有毛中的獅子同時立即包容於一根毛裡頭。

〔三九〕上句【遷註】作「各各顯露」。

以上二句【勘文】、【顯鈔】作「一一莖毛中，各各皆有無邊師子」。

【遷註】就「一一毛處師子，同時頓入一莖毛中，各各顯露，皆有無邊師子」作註云：一事中含多事，一多頓現。

【案】一一毛中，皆有無邊師子，是說金獅子的每一根毛都具有無數的金獅子。

〔四〇〕第一句【遷註】作「一一毛頭」。

第二句【勘文】、【顯鈔】「帶」作「載」。

第三句【遷註】、【勘文】、【顯鈔】「一」下有「莖」字。

【類解】就以上五句作註云：又以一切攝一切，帶之復入一中，即相在無礙門。偈云：「無量刹海處一毛，悉坐菩提蓮華座。」

【案】又復一一毛，帶此無邊師子，還入一毛中，是說金獅子的每一毛又帶着無數的獅子進入一毛之中。

〔四一〕下句【還註】作「若帝網之天珠」。

以上二句【勘文】、【顯鈔】作「如是重重無盡無盡，如帝網天珠」。

【還註】就「一一毛頭，帶此無邊師子，還入一莖毛中，如是重重無盡」作註云：多入一無礙。

【類解】梵語釋迦提桓因陀羅，此云能仁天主。網珠，即善法堂護淨珠網，取譬交光無盡也。

【案】無盡，佛教講無盡有兩種含義：一是指離開生滅的事物，一是指因緣和合而起的事物，是一多相卽的，一卽是多，多卽是一，無窮無盡。這裡指後一種含義。重重無盡，就是一重一重地包含而沒有窮盡。天帝網，印度神話說，帝釋天宮殿裝飾的珠網，網綫由珠玉交織而成，每顆寶珠都能照見全部其他寶珠的影子，而影子又照見影子，交相輝映，彼此互攝，重叠無盡。這是說明現象與現象之間的相互交滲，錯綜複雜的普遍聯繫。

〔四二〕此句【還註】「名」上有「故」字。

【類解】大疏云：「若兩境互照，傳耀相寫」。

【案】因陀羅網，卽帝釋天的寶網，因帝釋天梵名釋迦提桓因陀羅，故名。法藏用來比喻事物的縱橫交織、重重無盡；也比喻佛教各種法門之間互相映現，無窮無盡。因陀羅網境界門，是說悟解萬物互相包含，層層疊疊，融成一體境界的法門。

【勘文】（五教章）又云：「因陀羅微細境界門，此但從喻異前耳。此上諸義，體相自在，隱映互現，重重無盡。故此經云：『於一微塵中，各示那由他，無數億諸佛，於中而說法。於一微塵中，現無量佛國，須彌金剛圍，世間不迫迮。於一微塵中，現有三惡道，天、人、阿修羅，各各受果報㊀，此三偈卽三世間也。』又云：『一切佛刹微塵等，爾所佛坐一毛孔，皆有無量菩薩衆，各爲具説普賢行。無量刹㊁海處一毛，悉坐菩提蓮花座，遍滿一切諸法界，一切毛孔自在現。』又云：『如一微塵所示現，一切微塵亦如是。』餘者云云無量，廣如經辯。此等並是實義，非變化成。此是如理智中如量境也。其餘變化等者，不入此例，何以故？此並是法性家㊂實德，法爾如是也。非謂㊃分别情識㊄境界，此可去情思之。問：上言一塵中現無量佛㊅刹等者，此但是一重現而已，何故乃云重重現耶？答：此方説華嚴經時，云一切微塵中亦如是説。如彼微塵中説華嚴經時，亦云一切微塵中亦如是説。如是展轉，卽重重無盡也。宜準思之。問：若據此文，重重無盡，有何分齊，云何辯其始終等耶？答：隨其智取，擧一爲首，餘則㊆爲伴。據其首者，卽名當中，餘卽眷屬圍遶。上諸教義等，並

㊀「果報」，原作「報業」，據華嚴五教章改。
㊁「刹」字據華嚴五教章補。
㊂「家」字據華嚴五教章補。
㊃「謂」，原作「諸」，據華嚴五教章改。
㊄「識」，原作「謂」，據華嚴五教章改。
㊅「佛」字據華嚴五教章補。
㊆「則」，原作「亦」，據華嚴五教章改。

悉如是自在成耳。及前相卽相入自在等，皆悉如是攝一切法，無窮㊀法界，並悉因陀羅成也。」

【顯鈔】餘處解釋中，華葉一一微塵中，皆現無邊刹海。刹海復有微塵，微塵復有刹海，重重無盡。今例之云，師子一一眼耳支節毛孔中，「皆現無邊師子。師子復有眼耳支節毛孔，」毛孔等中復有師子，重重無盡。問：何於自體眼耳等中收全體耶？答：師子相以金爲性，以眼耳等皆無不稱金性故，如性普遍故，師子全體皆入眼耳毛處也。如此一根一毛内所含師子，皆亦稱金性故。一一遍入諸根，無盡無盡。何以故？若無一毛，無一切根故，是故此師子，以一毛一根成也。是故全體入一毛，此文師子全體，與諸根毛孔相望，一多相卽，能所融通。總有四句，一、於諸根毛處，各各師子遍入。謂一根一毛皆稱金性，故離金師子無別體，故離一根一毛師子不成，故有此義，故云師子眼耳支節一一毛處，各各全收師子也。二、諸毛處師子同時頓入一毛中。謂諸毛一毛無別體，故諸毛所有師子同時卽在一毛中，故云一一毛處，師子同時頓入一莖毛中也。三、一一毛中皆有無邊師子，謂如所依數量，能依師子遍也。問：此第三句，與第一句有何別耶？答：第一句一師子體遍多處，故所依多，故云各各，卽爲一入多句。此第三句所入云一一，能入云無邊，卽爲多入多句，故云一一莖毛中各皆有無邊師子也。四、不壞此二多相，還入一毛中。謂別毛師子，攬此總成故。有此義也，卽能入諸毛師子，是別，所入一毛師子，是總也。故云又復一一毛載此無邊師子還入一莖

㊀「無窮」，原作「窮盡」，據華嚴五教章改。

毛中也。如文易知。言如是重重等者，結無盡義，此非心識思量境界，不可思議，不可思議。

問：此門意雖無盡融通，能所各別可現，何故金師子自體與諸根爲能所現耶？故十玄義引經云：「於一微塵中，各示那由他無數億諸佛，於中而說法。於一微塵中現無量佛國須彌金剛圍，世間不迫迮。」又云：「一切佛刹微塵等，爾所佛坐一毛孔，皆有無量菩薩衆，各爲具說普賢行。」此等以微塵爲所現，以諸佛菩薩等爲能現，明因陀羅義。今於一師子同體中，各各現無邊師子，其義如何？答：此有二義，一、章意依金師子譬作是說，准下十玄義文，以金爲微塵，以師子爲諸佛菩薩等，謂依卽入圓融道理故，於師子諸根中皆現師子，且如對眼根者。問：此眼是誰眼？答：師子眼也。爾者，於此成眼根金中收師子全體，餘根亦如是。譬如人是諸根皆人，畜是諸根皆畜，何以故？緣起道理無一，一切不成故。若眼根非師子，餘根皆非師子。若爾者師子不能成就，翻此故知眼中皆攝師子，所含師子復有眼，彼眼中復有師子，無盡無盡。若如此知，卽見眼無障礙法界，故以眼爲門，結一乘見聞種子。以眼爲門，常成正覺。餘根亦然。故清涼大師釋法寶髻長者十曾八門舍宅云：「約所依卽以八識而爲其門，於眼根中入正定故。悟一一識卽法界門，於眼覺悟卽眼陀羅尼自在佛也。八識皆然。」卽此之謂也。二、約法亦如是現。謂如是善財童子對普賢知識，於普賢菩薩一一支節毛孔皆有普賢菩薩等是也。所引十玄義文，且出依正相對一義，非無此義。所謂一毛孔皆有無量菩薩衆，卽上所引普賢業用等也。依此二義故，云各各皆有等也。此約師子說，旨歸說：「盧舍那身遍義中，名分圓無礙。彼云分圓無礙者，卽此遍法界盧舍那身。一一支分，一一毛孔，皆亦有自舍那全身，是故分處卽是圓滿」等，卽此義也。言如是重重無盡無盡者，結帝網義。如帝網天珠者，擧譬釋成，卽此門義也。旨歸云：「如帝釋殿天珠網覆，珠既明徹，互相影現，所現之影還能影現，如是重重不可窮盡」等。卽帝網者，帝釋宮羅網也。言名因陀羅等者，結門名。因陀羅者，梵語，此云主。或云尊重，卅三天共尊重故。義與帝網同可知。

【總釋】這一段是講金獅子的眼耳和四肢關節，凡有毛的地方，每一根毛都各有金獅子；無數根毛中的獅子，同時包容於一根毛中。這樣，每一根毛中又都有無數的獅子；再是，每一根毛中又帶着其他毛中所攝有的無數獅子還歸於一根毛中。如此，每一事物中有無數事物，交互涉入，重重無盡，猶如帝釋天宮殿裝飾的珠網，網綫上珠玉交絡，珠光交映，相互照耀，層層疊疊，無窮無盡，這叫「因陀羅網境界門」。這一門也是說，現象世界中每一個事物都是本體理的完整體現，本體理包含一切事物，所以也可以説每一事物都包含一切事物。不僅如此，更進一層，這一事物，不但包含一切事物，還包含了每一事物中所包含的一切事物。同樣，其他任何一個事物中所包含的一切事物，也各各包含一切事物。爲了説明這種觀點，據宋高僧傳法藏傳載：「（法藏）又爲學不了者設巧便，取鑑十面，八方安排，上下各一，相去一丈餘，面面相對，中安一佛像，燃一炬以照之，互影交光。學者因曉刹海涉入無盡之義。」每一鏡中，不止有其他鏡的影，而且有其他鏡中的影的影。因陀羅網也如此，珠網上的每一珠中現一切珠，又現一切珠中之一切珠，形成重重無盡的關係，這也就是所謂因陀羅網的境界。

〔四三〕第一句【還註】作「謂説師子」。

第一句【顯鈔】無「説」字。

第二句【還註】、【勘文】、【顯鈔】「以」作「用」。

第三句【還註】作「論此金體」,【勘文】【顯鈔】作「託此金體」。

第四句【還註】、【勘文】、【顯鈔】「具障」作「具彰」。案:作「彰」是。

【還註】覩萬法相,用顯真理。

【類解】妄法生滅,無明也;如來藏不生滅,真性也。

【案】無明,梵語Avidyā的意譯,意思是指對真如、般若等佛教真理愚昧無知。此指沒有了解事物的真實,一味執著現象的生滅,却不覺悟其虚妄,也叫做愚痴無明。 説此師子,以表無明,是説獅子比喻有生滅的現象,通過塑造虚妄的獅子相,從而表示無明。 金體,真金實體,這裡比喻真如本體。 真性,本體的不生不滅的真實本性。 語其金體,具彰真性,是説,以金體比喻真如本體,來彰明本體的不生不滅的本性。 這正如光顯鈔所説:「謂師子即無明生滅分,金體即真如不生滅分也。」

〔四四〕第一句【還註】「理」上有「若」字。

第二句【勘文】、【顯鈔】作「二事合説」。

第三句【還註】、【勘文】、【顯鈔】作「阿賴耶識」。

【還註】卽染而淨，染㊀淨俱泯，方爲正解。

【類解】理事卽真妄。論云：「真妄和合，非一非異，名阿賴耶識。」此識有覺不覺二義，覺卽令生真性正解。不覺卽令生無明正解。若約善財參諸知識，遇三毒而三德圓，皆生正解。

【案】理事合論，是說通過事（現象）領會理（本體）。况，比如的意思。阿賴識，阿賴耶識的略稱，梵文 Ālayavijñāna 的音譯。或譯作阿黎耶識，又名心、藏識、本識、根本識、種子識、異熟識、第八識等。義譯爲藏，含藏，有能藏、所藏和執藏三義。能藏是指能藏攝一切事物的種子，所藏是指一切事物把自己的種子藏在阿賴耶識中，執藏是指第七識把它執以爲我，而第八識藏此我執。阿賴耶識含藏着一切現象的種子（潛在功能），有着決定現象世界的存在和發展的作用，是產生一切事物的本原。它也是所謂衆生輪迴業報的主體，它含藏的善惡種子，在成熟時就能招感各種不同的果報，從本質上說，大體上相當於靈魂。法藏根據起信論的思想，認爲阿賴耶識有生滅和不生滅兩個方面，有覺和不覺兩種含義，衆生可以通過覺而產生對事物真性的了解，克服無明。正解，正確的悟解。令生正解，使人們有真正的悟解。

〔四五〕此句【還註】在「名」上有「故」字。

此句【勘文】、【顯鈔】在「名」下有「爲」字。

【類解】大疏云：「如立像豎臂，觸目皆道。」

㊀「染」，原作「動」，據文意改。

【案】託事顯法生解門，是說假托現象顯示本體，令人產生真正的悟解。也就是說，佛教是通過不同事情表現爲不同法門，而不同的法門都體現了共同的教義，使人產生正解。

【勘文】（五教章）又云：「託事顯法生解門中，此上諸義，隨託之㈠事，以顯別法。謂諸理事等一切法門，如此經中說十種寶王雲等事相者，此卽諸法門也。顯上諸義可貴，故立寶以樹之。顯上諸義自在，故標王以表之㈡。顯上諸義潤益㈢，故資澤，故斷斷㈣故以雲標㈤之矣。如此等事云云無量，如經思之。問：三乘中以有此義，與此何別？答：三乘託異事相，表顯異理，今此一乘所託之事相，卽是彼所顯道理，更無異也。具足一切理事教義及上諸法門，無不攝盡者也，宜可如理思之。此上十門等解釋，及上本文十義等，皆悉同時會融成一法界緣起具德門，普眼㈥境界諦觀察餘時，但在大解大行大見聞心中，然此十門，隨一門中卽攝餘門，無不皆盡。應以六相方便而㈦會通之，

㈠「之」，原作「別」，據華嚴五教章改。
㈡「標王以表之」，原作「樹王以顯之」，據華嚴五教章改。
㈢「顯上諸義潤益」，原作「表上諸義細益」，據華嚴五教章改。
㈣「斷斷」，原作「斷齶」，據華嚴五教章改。
㈤「標」，原作「樹」，據華嚴五教章改。
㈥「眼」，原作「賢」，據華嚴五教章改。
㈦「而」，原作「與」，據華嚴五教章改。

此可準。上來所明，並是略顯別教一乘緣起義耳，於其中諸餘法相及問答除疑等，與彼三乘或同或異，所目㈠所設爲方便等，廣如經論疏鈔、孔目、及問答中，於彼釋矣。與彼三乘全別不同，宜可廣依華嚴經普眼㈡境界準之。

問：此上道理，與彼三乘義別不同，此可信矣。又以何文證知三乘外別有一乘耶？答：此經自㈢有誠文故，偈云：『一切世界羣生類，尠有欲求聲聞道，求緣覺者轉復少，求大乘者甚希有，求大乘者猶爲易，能信是法甚爲難。』良由此法出情難信，是故聖者將彼三乘對比決之。又偈言：『若衆生下劣，其心厭没者，示以聲聞道，令出於衆苦。小乘也㈣。若復有衆生，諸根少明利，樂於因緣法，爲說辟支佛。中乘也㈤。若人根明利，有大慈悲心，饒益於衆生，爲說菩薩道。卽大乘也㈥。若有無上心，決定樂大事，爲示於佛身，說無盡佛法。一乘也㈦。』由此一乘非下機堪受，是故大聖善巧，

㈠「目」，原作「因」，據華嚴五教章改。
㈡「眼」，原作「賢」，據華嚴五教章改。
㈢「自」字據華嚴五教章補。
㈣「小乘也」三字據華嚴五教章補。
㈤「中乘也」三字據華嚴五教章補。
㈥「卽大乘也」四字據華嚴五教章補。
㈦「一乘也」三字據華嚴五教章補。

於彼三乘位中，隨其機欲方便少說。由不窮法界源，故權現㊀一身三身等佛。今爲如是無上心機，樂大事㊁，方始現㊂佛十身境界，說無窮佛法耳，名現佛身說無盡佛法也。三乘但隨機而已，未顯諸佛十身自境界，故非現佛身。又隨機少說一相、一寂、一味理等，故非窮盡說也。何以故？三乘以此無窮爲過失故，然此一乘以無窮爲實德故耳。又此經云：『於一世界中，聞說一乘者㊃，或二、三、四、五，乃至無量乘。』此據本末分齊說耳。聖教文義顯然，不可以執情而驚怪者矣。」

【顯鈔】此門意，託金師子顯正理，令生正解也。言此師子用表無明者，用者，異釋或云，用者業用也。此師子以表無明爲業用也。依此義者，師子之用也。或云，以金爲體，以師子爲用，依此義師子卽用。此用誰用，卽金之用也。今云用者，以也，是詞之字也，無指別義也。謂師子卽無明生滅分，金體卽眞如不生滅分也。此二分和合，成阿賴耶識。如此知名爲正解也。

問：上緣起門云：「以金無自性，隨工巧匠緣，遂有師子起。起但是緣，故名緣起。」准此文，此金師子總有三義，一所依金，二巧匠方法，三所成師子。所顯法亦可有三義，一所依眞如，卽是金也。二法起因緣，卽無明等，是巧匠方法也。三此二和合成阿賴耶識，卽金與師子無二體是也。爾者第

㊀「現」字據華嚴五教章補。

㊁「事」下原有「欲」字，據華嚴五教章刪。

㊂「現」，原作「顯」，據華嚴五教章改。

㊃「者」，原作「音」，據華嚴五教章改。

二巧匠方法者，即當無明，然今文直云此師子用表無明，未出巧匠緣，云託㊀此金體具彰真性，以金顯真性。然者，師子表無明，金顯真性，未出所成第八識體，師子三義闕，所表亦不成。是以探玄記成幻兔喻，有其五義，一所依之巾，二幻師術法等。於中巾喻如來藏，二幻師及術喻法起因緣，則如無明等。（如上引釋之。）此文中成幻兔，以幻師術喻因緣，此亦可然。何故此中以師子表無明耶？答上緣起門意，於師子上，取依他起性門緣生義故，殊緣義至要故，出巧匠緣。探玄記亦以同，於依他起性上，論幻兔喻故。幻兔五義中法譬合說云，三幻兔之相，喻依他起性。四兔存即亡，喻依他無性。五凡小謂有，取爲人法。（此亦如上引。）此皆取依他起性上義也。此第十門依起信論等意，欲顯生㊁不生滅和合非一非異阿賴耶識義。故於師子上取生滅義，故云用表無明；於金上取不生滅義，故云託此金體等。上文云：「師子雖有生滅，金體本無增減。」此爲取無生義。置雖字，雖然於金師子上顯生不生滅義，未必藉工巧匠緣，今釋准之可知。是故次正成阿賴耶識體云：「二事合說，況阿賴耶識，令生正解。」諸門分別不同，不可一准。言二事者，師子上生滅義，金上不生滅義。此二事和合，正如阿賴耶識生滅不生滅和合成其體，故以況之也。此義具如起信論義記中說，煩繁不出之。此依大乘實教，顯具分唯識道理若依大乘始教，但得一分生滅義。故章主心識章云：「若依始教，於阿賴耶，但得一分生滅之義。以於真理，未能融通，但說凝然不作諸法。故

㊀「託」，原作「詫」，據文義改。

㊁「生」下疑漏「滅」字。

就緣起生滅事中，建立賴耶。從業等種，辨體而生。異熟報識，爲諸法依。」乃至「若依終教，於此賴耶，得理通融二事分義。故論云：『不生不滅與生滅和合，非一非異，名阿賴耶識。』云許真如隨熏和合依此本識，不同前教業等生故」等。然則依權實二教，一分具分二義不同，今依實教說具分正義，令物如此解云，令生正解也。翻此故得一分義人，名惡惠也。是故密嚴經云：「佛說如來藏，以爲阿賴耶，惡惠不能知，藏卽賴耶識。」解曰，依始教意，如來藏真常住無爲法，賴耶識生滅法。今經宗說二分和合所成賴耶識。起信論等依之成二分義，然惡惠不能知。文正指偏執者惠，具可見香象大師密嚴經疏。或人云，令生正解者，唯以說阿賴耶識云正解也，未必權實對辨。至相十玄門出此門體云：「如法界品云，開樓觀門相，見彌勒菩薩所行因事，至菩提道場。以樓觀卽菩提相，所以言顯法生解也。」問：十玄義釋此門云：「問：三乘中以有此義，與此何別？答：三乘託異事相，表顯異理。今此一乘所託之事相，卽是彼所顯道理，更無異也」等。至相十玄門說亦同之。然今章云「況阿賴耶識」等，似以異事顯異理，如何？答：今章意寄譬喩說，是故有況言。若依實義，如玄義等說，言名爲等者，結門名也。（上來十玄門海印法門之祕鍵也。故清涼云：「若於此十門，圓明顯了，常入法界普賢之境。」學者宜留思而已。）

【總釋】這一段是講，以金獅子爲比喩，有生滅的獅子（事、現象）是虛幻的，這是表示無明；說金獅子有真金的實體（理、本體），這是彰明本體的無生滅的真性。把理事這兩方面合起來講，就如生滅與不生滅、不覺與覺和合的阿賴耶識一樣，可以通過生滅把握無生滅，由不覺轉爲覺。這也就是「覩萬法相，用顯真理」（承遷註），通過現象以顯示本體，從而使人產生真正悟解的法門。

〔四六〕上句【遷註】「師子」上有「謂此」二字。

上句【勘文】、【顯鈔】無「之」字。

【遷註】喻真理隨緣成諸事法，各各不實也。

【類解】隨工匠緣，時時遷謝。

【案】有爲之法，卽有爲法，同「無爲法」相對。爲，造作的意思，法，指一切事物。佛教稱由因緣造作而生的有生有滅的一切事物爲「有爲法」。金剛經云：「一切有爲法，如夢、幻、泡、影，如露亦如電，應作如是觀。」 念念，金師子章光顯鈔說：「念念者，一刹那也。」

〔四七〕上句【勘文】作「刹那無間」。

上句【顯鈔】作「如刹那無間」。

【案】刹那，梵文 Kṣaṇa 的音譯，意思是最短暫的時間。佛教著作中有說一彈指間有六十刹那，如法藏華嚴經探玄記說：「刹那者，此云念頃，於一彈指頃有六十刹那」。有說一念中有九十刹那，一刹那又有九百生滅，如仁王護國般若經說：「一念中有九十刹那，一刹那經九百生滅。」有說刹那是譬喻所不能表達的短暫時間。這個佛教名詞現已成爲常用口語。 三際，卽三世。

〔四八〕以上二句【遷註】作「謂有過去、未來、現在三際」。

以上二句【勘文】、【顯鈔】作「爲過去現在未來。此三際各有過去現在未來」。

【遷註】總相之中，分限不同。

【類解】普賢行品云：「過去中未來，未來中過去。」亦離世間品答普慧之問也。

〔四九〕第三句【遷註】「卽」作「則」。

第一句【勘文】、【顯鈔】作「總三三位」。

第三句【勘文】、【顯鈔】「段」作「數」。案：作「段」是。

【遷註】就「總有三三之位，以立九世」作註云：一卽多，多不壞。又就「則束爲一段法門」作註云：一法門中無量門，種種修短，各各不同。

【類解】如師子諸根諸毛，本純一之金也。

【案】九世，是説現象界的任何事物都分過去、現在和未來，而每一過去、現在和未來，又各分過去、現在和未來，共爲九世。束，約束。法門，佛説的教義是法，這種法是衆生進入佛境的通道，猶如進屋的門，稱爲法門。卽束爲一段法門，是説現象界的一切事物都受九世約束。

〔五〇〕第一句【勘文】作「雖後爲世十世」，【顯鈔】作「雖復九世」。案：【勘文】有誤，以「雖則九世」爲是。

第二句【遷註】作「有隔不同」，【勘文】、【顯鈔】作「各各有融隔不同」。

第四句【勘文】、【顯鈔】作「通融無礙」。

【遷註】攝末歸本。

【類解】通玄論云：「十世古今，始終不離於當念。」

【案】一念，卽一剎那，指極短暫的時間。　融通無礙，同爲一念，是說九世各各不同，又相互聯繫，相繼成立，圓融相通，無障無礙，同在一念之中，卽「不離於當念」。

〔五一〕此句【遷註】「名」作「故號」。

此句【勘文】、【顯鈔】「名」上有「故」字。

【類解】大疏云：「若一夕之夢，翺翔百年。」

【案】十世，此指九世加一念。法藏說：「卽此一葉（指蓮華葉）既具遍一切處，亦復該一切時，謂三世各三，攝爲一念，故爲十世也。以時無別體，依華以立，華既無礙，時亦如之。」（華嚴經探玄記卷一）　十世隔法異成門，是說一念中有九世，九世又同爲一念，合爲十世，十世相互有別，又相由成立。也就是說，一切法門遍布於「十世」之中。

【勘文】（五教章）又云：「十世隔法異成門，此上諸義，遍十世中，同時別異具足顯現，以時與法不相離故。言十世者，過去、未來、現在三世，各有過去、未來㈠及現在，卽爲九㈡世也。然九世迭相卽入，故成一總句，總別合成十世也。此十世具足別異，同時顯現成緣起故，得卽入也。故此經云：『或以長劫入短劫，短劫入長劫；或百千大劫爲一念，或一念卽爲百千大劫；或過去劫入未來

㈠「來」，據華嚴五教章補。

㈡「九」，原爲「三」，據華嚴五教章改。

劫，未來劫入過去劫，如是自在時劫無礙，相卽相㊀入渾融成矣。』又此經云：『於一微塵中，普現三世一切佛刹。』又云：『於一微塵中，普現三世一切衆生。』㊁又云：『於一微塵中，普現三世一切諸佛佛事。』又云：『於一微塵中，建立三世一切佛轉法輪。』如是云云無量，廣如經文。此普攝上諸義門，悉於十世中自在現耳，宜可思之。」

【顯鈔】餘門約法釋師子，此門約時釋。言此師子是有爲法等者，辨定師子體。問：此師子爲有爲法，爲無爲法？答：是有爲法也。若云有爲法者，定可生滅，生滅長短爲幾爾耶？答：念念生滅。念念者，一刹那也。依俱舍，時極少名一刹那，不可分析。出體云，有動法行度一極微頃也。依大乘，一念中有九十刹那，一刹那中更經九百生滅，是佛智所知也。重言念者，相續義也。言生滅者，有爲法生已還滅，滅已亦生。此生滅言實有生、住、異、滅四相。然此四相依始終二教，有隔念同念不同，如別説。依一乘九世相融爲一念，今約一乘説十世。言刹那無間等者，生滅相續，中間等無間隔，故云無間。言分爲三際等者，先約常途，總説三世，卽離世間品經云：「過去説過去，過去説未來，過去説現在。現在説現在，現在説未來，現在説過去。未來説未來，未來説過去，未來説現在。」今順此説，先分三際。言總三三位以立九世等者，於三世中，亦説三世。謂如過去世中，法未謝之時，名過去現在。更望過去，名彼過去爲過去過去。望今現在，此是未有，是故名今爲過

㊀「相」，據華嚴五教章補。

㊁「又云：『於一微塵中，普現三世一切衆生。』」十五字據華嚴五教章補。

去未來。此如一具三世俱在過去。又彼謝已，現在法起未謝之時，名現在現在。望彼過去已滅無，故名彼以爲現在過去。望於未來是未有故，名現在未來。此三一具俱在現在。又彼法謝已，未來法起未謝之時，名未來現在。望彼現在已謝無，故名未來過去。更望未來亦未有，故名未來未來。此三一具在未來。此九中各三現在，是有六過未俱無。言卽更束爲一數法門者，上所說九世迭相卽相入，故成一總句，總別合論，爲十世也。言雖復九世等者，世非一故，名各各束爲一數云融也，隔別成九世云隔也。有此差別云不同。言相由成立乃至同爲一念者，明相卽相入緣起相由義，且如過去現在法未謝之時，自是現在。以現在現在望之，乃是現在之過去，是故彼法亦現在亦過去，所望異故，不相違。又現在現在法，自是現在，以未謝故。以過去現在望之，乃是過去之未來。又未來現在望之，復是未來之過去，是故彼法亦現在亦未來。現在望之，復是未來之過去，是故彼法亦現在亦過去。又未來現在法，亦現在亦未來。准之可見。依有此等義故，云相由成立。言通融無礙，同爲一念者，無此世，彼世不成故。此世不失本位，而能卽入故。無量無數劫，通融無礙，同爲一念故。云通融等，具如別章說。十世乃至理事等諸門卽入，而不失前後短長等相故，云十世隔法異成門可知。

【總釋】這一門是從時間上講事事無礙的道理。金獅子是因緣和合而生的事物，時時刻刻在生滅過程中，在極短暫的刹那間都分爲過去、現在、未來三際，過去、現在、未來每一際又分爲過去、現在和未來，共爲九世，一切事物都受九世的約束。法藏在華嚴義海百門鎔融任運門第四中說：

「融念劫者……由一念無體，卽通大劫；大劫無體，卽該一念。由念劫無體，長短之相自融，乃至遠近世界，佛及衆生，三世一切事物，莫不皆於一念中現。何以故？一切事法，依心而現，念既無礙，法亦隨融。是故一念既見三世，一切事物顯然。經云：『或一念卽百千劫，百千劫卽一念。』」雖是九世，各各不同，但又相由成立，融通無礙，同爲一念。九世和一念共爲十世。這樣，十世時移世異是相隔，而每一事物又能遍十世，同時成就，雖異而成，稱爲十世隔法異成門。

〔五二〕第一句【遷註】「金」上有「謂」字。

第一句【勘文】、【顯鈔】作「卽此師子與金」。

第二句【遷註】作「或顯或隱」。

第四句【勘文】、【顯鈔】作「無有自性」。

【遷註】法無定法，隨心轉變。

【類解】謂全心一事，隨心偏一切中，卽一隱多顯也。全心之一切，隨心入一事中，卽多隱一顯也。以表師子與金，悉皆迴轉而無定相耳。

【案】心，指真心。法藏在五教章中說：「唯心迴轉善成門，此上諸義，唯是一如來藏，有自性清淨心轉也。」真心，卽自性清淨心，約相當於絕對的精神本體。迴轉，是轉變、變化的意思。由心迴轉，由真心轉變生成。

〔五三〕以上二句【遷註】作「說理說事，有成立」，並註云：「法本具足，隨機隱顯。

上句【勘文】「說事」作「諸事」。案：「諸」字應爲「說」字。

【類解】經云：「應觀法界性，一切唯心造。」

〔五四〕此句【遷註】作「故名由心迴轉善成門」。

此句【勘文】、【顯鈔】「名」上有「故」字。

【類解】賢首亦改此一門爲「主伴圓明具德門」，故大疏云：「如北辰所居，衆星拱之。」

【案】善成，完善圓滿的成就。　唯心迴轉善成門，是說一切都隨「真心」轉變生成，佛教一切法門唯是「真心」所起。

【勘文】（五教章）又云：「唯心迴轉善成門，此上諸義，唯㊀是一如來藏，爲㊁自性清淨心轉也。但性起具德，故異三乘耳。然一心亦具足十種，如性起品中說十心義等者，卽其事也。所以說十者，欲顯無盡，故如是自在具足無窮種種德耳。此上諸義門，悉是此心自在作用，更無餘物，名唯心迴轉等，宜思釋之。」

【顯鈔】正見師子時，唯師子無金，卽師子爲顯金爲隱；正見金時，唯金無師子，金爲顯師子爲隱，如第三門說。或見師子一體爲一，見五根差別爲多；或見一毛等爲一，見多毛等爲多，如第二門說。尋如此諸義，於金師子上無有隱顯一多等自性，唯心分別所成。卽金非師子，心分別之爲師

㊀「唯」，據華嚴五教章補。
㊁「爲」，據華嚴五教章補。

子，唯由心力廻轉金爲師子。乃至於師子上，知隱顯等諸義，故云無有自性，由心廻轉也。言説事説理有成有立等者，語師子相爲説事，顯金性爲説理，藉巧匠功爲有成，待此功能顯師子像爲有立，卽師子體立也。若約法説者，十玄門云，前諸義教門等，并是如來藏性，清淨真心之所建立。若善若惡，隨心所轉，故云廻轉善成。心外無別境，故言唯心。若順轉卽名涅槃。故經云：「心造諸如來，若逆轉，卽是生死。」故經云：「三界虛妄皆一心作，生死涅槃皆不出心」等。五教十玄義云：「此上諸義門，悉是此心自在作用，更無餘物㊀，名唯心廻轉等。」解曰。二師俱云上諸師義門者，十玄義中，指唯心門外諸義門。結歸唯心作用也。其心者，指如來藏性清淨真心。如文易了。

言故名唯心等者，結門名可知。

【總釋】這一門是講，金（喻本體）與獅子（喻現象），或隱或顯，或一或多，各無自性，隨真心廻轉生起。這樣，理（本體）和事（現象）都各有成立，一切都是真心的變現。後來法藏把這一門改爲主伴圓明具德門，説：「此圓教法理無孤起，必眷屬隨生。……又如一方爲主，十方爲伴，餘方亦爾，是故主主伴伴，各不相見，主伴伴主，圓明具德。」（華嚴經探玄記卷一）一種現象生起，是爲主，其他現象也必然伴隨着生起，這樣就形成了互爲主伴的關係，因而任何一種現象也都圓滿具足一切功德。

㊀「物」下原有「故」字，據華嚴五教章删。

括六相第八〔一〕

師子是總相〔二〕，五根差別是別相〔三〕；共從一緣起是同相〔四〕，眼、耳等不相濫是異相〔五〕；諸根合會有師子是成相〔六〕，諸根各住自位是壞相〔七〕。

校釋

〔一〕【遷註】法無定相，舉一卽多。

【類解】雲華（卽智儼）十玄，根於觀門。剛藏㊀六相，源乎大經。經觀融通，相玄交徹，故第八括六相。

【案】括，包括、包容。六相，指事物的六種相狀，卽總相、別相、同相、異相、成相和壞相。括六相，是講一切事物都包容有六種相狀，也就是從哲學上論述部分和整體等各種關係。

〔二〕此句【遷註】「師子」上有「謂」字。

此句【勘文】、【顯鈔】「師子」上有「言一」二字。

【類解】一卽具多爲總相。

【案】總相，指獅子的全體，卽事物的整體。

㊀「剛」，疑係「康」字之訛。剛藏，疑爲康法藏之誤。

〔三〕【類解】多卽非一名別相。

【案】五根，指眼、耳、鼻、舌、身。　別相，不同的五根各爲獅子的一部分，喻指事物整體的各個組成部分。

〔四〕此句【遷註】無「從」字。

此句【勘文】、【顯鈔】「共從」作「共成」。

【類解】多類自同成於總。

【案】同相，眼、耳等同時緣起而形成獅子，也就是組成爲整體的各部分的共同性。

〔五〕此句【遷註】作「眼耳各不相到是爲異相」，【勘文】作「眼耳各不相是異相」，【顯鈔】作「眼耳各不相是是異相」。　案：以金師子章雲間類解本爲勝。

【類解】」各㊀體別異現於同。

【案】不相濫，不相同。　異相，眼、耳等各不相同，也就是事物整體各部分的差異性。

〔六〕此句【遷註】作「諸根合會是成相」，【勘文】作「諸根合會復有師子是成相」，【顯鈔】作「諸根合會得有師子是成相」。

【類解】一多緣起理妙成。

【案】成相，是說眼、耳等諸根和合而成獅子，卽各部分共同組成爲整體。

㊀「各」，原作「名」，據華嚴五教章改。

〔七〕此句【遷註】「諸根」作「諸緣」。案：「諸緣」應爲「諸根」。

【案】壞相，是説眼、耳等各自獨立而不和合，則無獅子相。也就是各部分只停留在各自本位上，不共同組成爲整體。

【遷註】對「括六相」整段作註云：顯法界中無孤單法，隨舉一相，具此六相，緣起集成，各無自性。一一相中含無盡相，一一法中具無盡法。

【類解】壞住自法常不作。　另，對「括六相」分句作注後，還解説：教義章中有八㈠句偈文，上引六句，隨文注之。末後二句結歎勸修，云：「唯智境界非事識，以此方便會一乘。」彼章廣寄一舍，以喻六相。後學如仰祖訓，宜悉討論耳。

【勘文】㈡六相緣起，三門分別：初、列名略釋，二、明教興意，三、問答解釋。初、列名者，謂總相、別相、同相、異相、成相、壞相。總相者，一含多德故。別相者，多德非一故。別依比㈢總滿彼總故。同相者，多義不相違，同成一總故。異相者，多義相望，各各異故。成相者，由此諸義緣起成故。壞相者，諸義各住自法不移動故。

㈠「八」，原作「入」，據華嚴五教章改。

㈡勘文的本段註文，係録自法藏華嚴五教章卷四第十義理分齊者第四門六相圓融義。

㈢「別依比」，原作「別相者依止」，據華嚴五教章改。

第二、教興意者，此教爲顯一乘圓教法界緣起，無盡圓融，自在相卽，無礙鎔融㈠，乃至因陀羅無窮理事等。此義現前，一切惑障，一斷一切斷，得九世十世惑㈡滅。行德卽一成一切成，理性卽一顯一切顯，並普別具足，始終皆齊，初發心時便成正覺。良由如此法界緣起六相容融，因果同時，相卽自在，具足逆順，因卽普賢解行，及以證入果，卽十佛境界所顯無窮，廣如華嚴經說。

第三、問答解釋者，然緣起法一切處遍通，今且略據緣起成舍辨。問：何者是總相？答：舍是。問：此但椽等諸緣，何者是舍耶？答：椽卽是舍，何以故？爲椽全獨能作舍故，若離椽舍卽全不成故，若㈢得椽時卽得舍矣。問：若椽全自獨作舍者，未有瓦等，亦應作舍？答：未有瓦等時，不是椽故不作，非謂是椽而不能作。今言能㈣作者，但論椽能作，不說非椽作，何以故？椽是因緣，由未成舍時無因緣故，非是緣㈤也。若是椽者其畢全成，若不全成㈥不名爲椽。問：若椽等諸緣，各出少力共作，不全作者，有何過失？答：有斷常過。若不全成，但少力者，諸緣各少力，此但多箇少力，

㈠「鎔融」，原作「容持」，據華嚴五教章改。
㈡「惑」字據華嚴五教章補。
㈢「若」上原有「爲此」二字，據華嚴五教章删。
㈣「能」，據華嚴五教章補。
㈤「緣」，原作「椽」，據華嚴五教章改。
㈥「成」，原作「作」，據華嚴五教章改。

不成一全舍故，是斷也。諸緣並少力，皆無全成，執有全舍者，無因有故是其常也。又若不全成者，去却一椽時，舍應猶㊀在，舍既不全㊁成，故知非少力並全成也㊂。問：無一椽時豈非舍耶？答：但是破舍，無好舍也，故知好舍全屬一椽。既屬一椽，故知椽卽是舍也。問：既舍卽是椽者，餘板㊃瓦等應卽是椽耶？答：總並是椽，何以故？去却椽卽無舍㊄故。所以然者，若無椽卽舍壞，舍壞故不名板㊅瓦等，是故板㊆瓦等卽是椽也。若不卽椽㊇者，舍卽不成，椽瓦等並皆不成。今既並成，故知相卽耳。一椽既爾，餘椽例然。是故一切緣起法不成卽已，成則㊈卽相，卽容融無礙，自在圓極，難思出過情量，法性緣起通一切處，准知。

第二別相者，椽等諸緣別於總故，若不別者，總義不成，由無別時卽無總故。此義云何？本以別成

㊀「猶」下原有「成」字，據華嚴五教章刪。
㊁「不全」，原作「全不」，據華嚴五教章改。
㊂「也」，原作「故」，據華嚴五教章改。
㊃「板」，原作「柧」，據華嚴五教章改。
㊄「去」、「舍」二字均據華嚴五教章補。
㊅㊆「板」，原作「柧」，據華嚴五教章補。
㊇「椽」字據華嚴五教章補。
㊈「成則」二字據華嚴五教章補。

總，由無別故總不成也。是故別者，即以總成㊀別也。問：若總即別者，應不成總耶？答：由總即別故，是故㊁得成總。如椽即是舍，故名總相。舍即是椽，故名別相。若不即，舍不是椽。若不即，椽不是舍。總別相即，此可思之。問：若相即者，云何說別？答：只由相即，是故成別。若不相即者，總在別外，故非總也。別在總外，故非別也。思之可解。問：若不別者，有何過耶？答：有斷常過。若無別者，即無別椽瓦，無別椽瓦故，即㊂不成總舍，故是斷也。若無別椽瓦等，而有總舍者，無因有舍，故是常也。

第三同相者，椽等諸緣和同作舍，不相違故，皆名舍緣㊃，非作餘物，故名同相也。問：此與總相何別耶？答：總相唯望一舍說，今此同相，約椽等諸緣，雖體各別，成力義齊，故名同相也。問：若不同者，有何過耶？答：若不同者，有斷常過也。何者？若不同者，椽等諸義㊄互相違背，不同作舍，舍不得有，故是斷也。若相違不作舍，而執有舍者，無因有舍，故是常也。

第四異相者，椽等諸緣隨自形類相差別故。問：若異者應不同耶？答：只由異故，所以同耳。若不

㊀「成」，原作「爲」，據華嚴五教章改。

㊁「是故」二字據華嚴五教章補。

㊂「即」上原有「故」字，據華嚴五教章删。

㊃「緣」，原作「椽」，據華嚴五教章改。

㊄「義」，原作「緣」，據華嚴五教章改。

異者，椽既丈二，瓦亦應㊀爾。壞本緣法故，失前齊同成舍義也。今既舍成，同名緣者，當知異也。問：此與別相有何異耶？答：前別相者，但椽等諸緣別於一舍，故説別相。今異相者，椽等諸緣迭互相望，各各異故也。問：若不異者，有何過耶？答：有斷常過也。何者？若不異者，瓦即同椽㊁丈二，壞本緣法不共㊂成舍，故是斷。若壞緣者不成舍，而執有舍者，無因有舍㊃，故是常也。

第五成相者，由此諸緣，舍義成故。由成舍故，椽等名緣。若不爾者，二俱不成。今現得成，故知成相互成之㊄耳。問：現見椽等諸緣，各住自法，本不作舍，何因得有舍義成耶？答：只由椽等諸緣不作故，舍義得成。所以然者，若椽作舍者，即失本椽法作故，舍義不得成。今由不作故，椽等諸緣現前，由此現前故，舍義得成矣。又若不作舍，椽等不名緣，今既得緣名，明知定作舍。問：若不成者㊅何過㊆失？答：有斷常過。何者？舍本依椽等諸緣成，今既並不作，不得有舍，故是斷

㊀「亦應」，原作「應亦」，據華嚴五教章改。
㊁「椽」，原作「緣」，據華嚴五教章改。
㊂「共」字據華嚴五教章補。
㊃「無因有舍」，原作「舍無因」，據華嚴五教章改。
㊄「互成之」三字據華嚴五教章補。
㊅「者」字據華嚴五教章補。
㊆「過」字據華嚴五教章補。

也。本以緣㈠成舍名爲椽，今既不作舍，故卽無椽，亦是斷。若不成者，舍無因有，故是常也。又椽不作舍得椽名者，亦是常也。

第六壞相者，椽等諸緣各住自法本不作故。問：現見椽等諸緣作舍成就，何故乃說本不作耶？答：只由不作故㈡，舍法得成，若作舍去不住自法者，舍義卽不成。何以故？作去失法，舍不成故，今既舍成，明知不作也。問：若作去有何失？答：有斷常二失。若言椽作舍㈢去，卽失椽法。失椽法故，舍卽無椽不得有㈣，是斷也。若失椽法而有舍者，無椽有舍是常也㈤，又總卽一舍，別卽諸緣，同卽互不相違，異卽諸緣各別，成卽諸緣辦㈥果，壞卽各住自法，乃爲頌曰：「一卽具多名總相，多卽非一是別相。多類自同成於總，各體別異現㈦於同。一多緣起理妙成，壞住自法常不作，唯智境界非事識，以此方便會一乘。」

㈠「緣」字據華嚴五教章補。
㈡「故」字據華嚴五教章補。
㈢「舍」字據華嚴五教章補。
㈣「有」下原有「故」字，據華嚴五教章刪。
㈤「無椽有舍是常也」，原作「無椽有故是斷常也」，據華嚴五教章改。
㈥「辦」，原作「辨」，據華嚴五教章改。
㈦「現」，原作「顯」，據華嚴五教章改。

【顯鈔】前十玄門，總顯別教一乘緣起義。餘處解釋中，於一一門中，皆引數多文證，成立此義。然此十門，皆於一門中攝餘門，以六相方便會通之。故十玄義云：「然此十門，隨一門中，卽攝餘門無不皆盡，應以六相方便而會通之。」六相者，一總相，二別相，三同相，四異相，五成相，六壞相也。於十玄門會六相者。十玄者，是總相也。十門各各差別，是別相也。十門同成一緣起玄門，是同相也。十門相望各各異，是異相也。依此十門緣起義成，是成相也。十門各住自門，義不移動，是壞相也。又非只十門相攝，於一一門中有此義。先第一門中，同時具足相應門，是總相也。教義、理事等十義差別，是別相也。十義同成第一門，是同相也。十義相望各各異，是異相也。由十義成一門，是成相也。十義各住自義，是壞相也。乃至第二第三門等，皆准知。謂一乘圓教法界緣起，無盡圓融方便，以此六相圓融義爲祕要也。是故至相等大師，忽値他人，謂曰：「師欲得解一乘義者，須深重六相之義。可一兩月間攝靜思之，當自達經宗耳。」言訖忽然不現。依之大師守此旨，不盈累朔，達經義，學者殊可留思矣。

今此第八門。於金師子，出此六相義，言言（案：多一「言」字。）一師子是總相者，第一相也，謂一中含多法故。云總相，謂於金師子一體中，含五根等多法也。言五根差別是別相者，謂於多法中，其餘體非一。謂於一師子中，眼根耳根等差別故，云別相。言共成一緣起是同相者，五根等別法，共力成立一師子。謂眼根作師子，耳根亦作師子，能作眼根等雖有差別，同作一師子，所作同故，云同相。一緣起者，多法共作一師子也。緣起者，指師子可知。言眼耳各不相是是異相者，不是卽非也，諸根各別相望故。置㊀相言謂眼根非耳根，耳根非眼根等，各有差異，故云異相也。言諸根合會得有師子是成相者，謂諸根不和合者，不得成師子。已合會金師子得成，故云成相。言諸根各住自位是壞相者，謂諸根各守自體，互不相作故，卽不見師子總體，是云壞相也。問：壞者爲名何義，師子已存，諸根亦完，何云壞耶？答：壞者，以師子爲所壞，以諸根爲能壞。謂師子者是總相。諸根者是別相也。諸根各住自別位，不見師子總體，指之云不作。六相頌云：「壞住自法常不作」，此之謂也。是故諸根若相見師子總體者，師子不成，緣起道理無別，總不成故，亦諸根不成，別依止總故也。是故六相若不相作者，師子不成，有斷常過也。謂無眼等諸根，師子不成，是斷過也。若謂不成，猶爲有者，是常過也。

問：諸根若作師子者，眼獨作師子耶？答：爾也。問：諸根各出少力共作之，何一根作之耶？答：若不作全者，諸根各出多個少力，不成師子全體，猶是斷過也。諸根皆少力不成師子全體，猶執有者，無因有故，是其常也。問：爾者一根全作者，指一目等。師子體猶存，知一根不作如何？答：但是破師子，非好師子。已好師子，屬一根。明知一根卽是師子也。乃至歷餘相，一一有如此分別，具如五教章中卷六相圓融義說。彼中擧緣起舍分別之。今章中就緣起師子分別之。所詮雖別，道理不殊。細思之，依有此義故，成一斷一切斷，一成一切成等諸義也。故六相圓融義云：「此義現

㊀「置」，爲「異」字之訛。

前，一切惑障，一斷一切斷，得九世十世惑㊀滅，行德即成一（考：成一二字恐一成）一切成，理性即一顯一切顯，并普別具足，始終皆齊。初發心時，便成正覺。」解曰：此中言一斷一切斷者，於一切惑障中，斷一種惑，即斷一切惑障也。言一成一切成者，成一種行德，即成一切行德也。餘義如文易知。問：有人云，一斷一切斷者，即一人斷惑時，一切有情皆斷惑。言一成一切成者，一人成佛時，即一切有情皆成佛也。今解釋與此相違如何？答：宗家定判，始終意別。謂如此文等者，煩惱自類相對。說一切斷，亦行德自類相對。說一切成者，如有人云，此者性起品說成佛義，明自他相對一切成義。例此說斷惑行相，亦說自他相對一切斷義也。雖然宗義所立於斷惑門者，先自類相對爲源，以理推之，可有自他相對義。若極自類門義者，自他門義自可明。然有人義類此故，自他相對義亦不成也。

問者曰，請欲聞其斷惑成佛義。答：爾也，當示綱要。就中有二門，一斷惑門，二成佛門也。先明斷惑者，先可辨定煩惱名體。問：圓教煩惱名體如何？答：斷惑章云：「前三乘等諸門斷惑，若一障一切障，一斷一切斷，即入此教。若隨門前後，是三乘等。此據別教言。」明知名體與三乘無別，是故經中以貪嗔等名數，多說斷惑行相。但約其用，甚深廣大。何者？種子義云：「若約緣起祕密義，皆具此六義。此約終教，以此教中六七識等只是如來藏隨緣義，無別自性，是故六七識，亦具本識中六義也。」明知。通諸識具六義，此六義以六相融攝之。融六義爲一因是總相，開一因爲六義

㊀「惑」，據華嚴五教章補。

是別相，六義齊是名因同相，六義爲不壞相是異相，由此六義因義得成是成相，六義各住自義是壞相也。此六義據緣起自體，以六相融攝，成緣起義門。所依本識，已具六義，六相准知。相應煩惱亦可順此。謂眼識有時，煩惱亦有。眼識空時，煩惱亦空等。是故見眼耳等諸法、卽入法界中。問：見眼等入法界方如何？答：就眼有二義，一空義，二有義。此中空義刹那滅義，此有二種，始教隔念生滅，終教同念生滅。探玄記云：「一生相中有四種滅義，同時具足。一性不成就名滅，二由滅故起是故具滅，三能成滅故具滅，四生滅俱夢妄中。妄有前後，理實照時皆無前後，是故生時還有滅也。」明知此眼法生位有空無礙，滅位空有無礙，此約終教說。緣起自在，具如上金師子諸義，遮表自在，圓融無礙等，約圓教說。是故此眼卽甚深無礙法門眼，教義、理事等十義同時相應，無前後，教卽別教，義卽別義，餘可准知，名同時具足相應門。又眼法有體有力故，諸根悉相卽相入，一多無礙。（如上釋之）乃至知眼根卽無盡法界，是名入法界。

問：雖聞此旨，尚以不開悟，願指事示之。答：且約生佛相卽門示之者，且約如來有五根，約衆生亦有五根，合爲十種。其十種者，一如來眼根、二耳根、三鼻根、四舌根、五身根、六衆生眼根、七耳根、八鼻根、九舌根、十身根。如來五根有同體異體，謂眼中有耳等五根爲同體，眼等相望餘四根爲異體。衆生五根有同體異體亦如此。且如來異體五根耳鼻舌身等，相卽相入，皆在同體五根中，故攝皆爲同體五根。同體中五根雖不同，皆餘四根空，眼根有故，攝爲一眼根。或依六相圓融門，不動一根，遍攝諸根故。緣起法主伴相成，隨舉一法，盡攝一切。故攝皆爲同一眼根，於衆生亦如此。攝爲同一眼根，卽如來與衆生，各有一眼。然佛眼是空，衆生眼是有。故攝爲同一衆生眼，此眼體是無障無礙，一多相卽，因陀羅網法界眼見此眼，卽是見於無盡法界，非是託此別有所表。諸識皆是如來藏法性圓融體故。如此淨眼益究竟時，卽諸識相應煩惱一斷一切斷，初發心時便成正覺也。如眼根眼識，餘根餘識，皆准可知。如五教止觀云，見眼耳等事，卽入法界緣起中也。卽此之謂也。

問：此中雖明能治相卽義，未明一斷一切斷義如何？答：明能治無礙義，一切斷義自成。斷惑章云：「以所障法，一卽一切，具足妄（考：妄恐主）伴等故，彼能障惑亦如是也。」謂七識已具本識中六義，依此一門，終教意諸識相應煩惱，亦不可局定。況一乘圓教，力用相收，一多自在故，纔與普法相應，位諸煩惱皆普滅，非別滅故，云一切斷也。小相品中，兜率天子纔從地獄出，聞此普法，非直自身頓得十地，亦乃毛孔香熏中，令爾許衆生頓八萬四千煩惱皆悉除滅。香象大師釋曰：「并是普法之勝力也。」良以八萬四千煩惱一時頓皆悉除滅，豈非一切斷耶！離普法力，何有此勝事耶？是故斷惑門云，一斷一切斷者，煩惱自類相對。斷一種卽斷餘惑。初一斷者，斷一煩惱。次一切斷者，斷餘惑也。（此義如小相品說。）成佛門時，一成一切成者，自他相對也。卽一人成佛時，一切衆生同時成佛也。（此義如性起品說。）經宗說相如此。卽普賢品所說嗔煩惱，具百千障礙門，斷嗔斷一切，五位上能障煩惱。又如小相品所說，貪嗔癡并等分各二萬一千種煩惱。天子聞空聲所說普法時，皆悉除滅。此等約煩惱種類，說一切斷也。成佛門者，如性起品明。如來成菩提義，有十門中，此第五現因果門說也。此門意於一佛身中說一切衆生成正覺等義故。一佛成道時，一切衆生皆成佛也。問：何故如此說耶？答：依緣起道理，雖一切齊等。依建立門，有此差別。謂依次第行布門，說斷惑義故，一切斷言，唯約煩惱說。依圓融相攝門，明成佛義。故於果中，明一切衆生成佛義也。問：何故依此二門耶？答：實雖卽入融通，於因門中，有緣起幻有衆生，未開悟故，不說自他皆斷義。於果門中，普眼圓育，無一切皆不成故，說自他皆成義。或云，影略俱明一卽一切義也。雖有二義，以前義爲勝。所以爾者，小相品說一斷一切斷，唯得十地益，未必成佛。性起品說一切成佛，佛身有衆生故。又言一成一切成者，性起品所說如來成正覺位，證十種量等身時，第一衆生量等身中所現，因果門說也。因位未圓證故，依有如此道理故，不足爲影顯，是故以前義爲勝。能能思之。然前有人義相翻此。彼義大意云，一人斷惑成佛時，一切有情皆可斷惑成佛也。其故者，依事事無礙道理必然故也。事事無礙者，卽理事是無別體故也。理本遍諸事，無分齊故。觀一事無性時，圓盡法界真理。若一塵上理不遍諸事者，理性被分折，卽同有爲。無此過故，諸事法如理卽遍也。卽引證云，探玄記云：「於一事上觀無性時，無不圓盡法界真如。若觀一少事無自性時，不得圓盡法界真者，卽真如有分，便同有爲。是故一事無性卽攝盡真。攝真盡時，餘一切法，卽不礙存而卽真故，同理俱在一事中現。多中亦爾准之。」（廣文略之，具可見記第四。）卽一塵收一切理，離理無別事故。理通時，卽諸事亦遍事法也。依此道理，一有情卽一切有情也，乃至修因向果事，皆可一卽一切。故性起品云：「如來身中，悉見一切衆生發菩提心，修菩薩行，成等正覺，乃至見一切衆生寂滅涅槃，亦復如是。皆悉一性，所謂無性。」是故全佛全衆生義成立，彼此非一非異故，於生佛無增減過也。彼自難曰，事違現量如何？卽自通曰，此是圓教中事也，非妄情所得，乃至出探玄記五教分別釋通之。又爲證事事無礙一成一切成義，引探玄記文云：「無分齊理，既不改性，而全是事。是故一事攝理，無不皆盡。餘事如理，在一事中，以理無際限，不可分故。隨一事處，皆全攝也，是故一中常有一切。」有人引此文，訓文意已，結云，是正章主判事事圓融義證據也。是故隨一味理性，一切有情皆在一中，故一人斷惑成佛時，一切有情斷惑成佛也。所成立義，大旨如是。問：此所成義爲極成耶？如何？答：强欲取之者，是可爲宗義一分也。雖然，未足爲極成義也。

仍今評曰，性相二宗説法相有三類，如五眼、六通、三身、四智等者，是法相宗法相也。如十眼、十通、十佛、十智等者，是法性宗法相也。如十通、十忍會六通、五忍，十門涅槃會四種涅槃者，是性相二宗無違法相也。一斷一成義者，是法相宗法相也。一斷一切斷，一成一切成義者，是法性宗法相也。今圓經中，廣説甚深法相顯圓融無盡旨故，雖初心成覺，廣説住、行、向、地次位，殊廣於諸經。或明十眼、十耳等數多十句法門，説十皆顯無盡也。諸餘法相廣多無際，或又盡餘經未説。卽樹形、阿（考：阿恐河）形，異類世界，倒住、側住，無邊衆生等，觸類繁多。清涼云：「諸經疏所明法相，多是榜來。若華嚴經，有異於此。」（略抄）乃至説「一一微塵毛端刹海相容無礙，染淨依正因果法，如此極法源，卽顯法性圓融之極際也。如婆沙㊀云：『譬如鏡面極善磨瑩，種種色像，皆於中現。阿毘達磨，亦復如是。分別諸法自相共相，令無我像分明顯現』。」此經宗亦復如是。廣瑩甚

㊀「沙」，原作「娑」，今改。

深法相圓鏡，令顯現事事無礙、一多相卽、法性圓融影像。然則須廣匡一乘性相成斷惑成佛義，直勿憑理性一味所因，亡一宗法相矣。先案經家說相，斷惑門者，煩惱自類相對說一切斷。先辨定之者，自他相對義自成。然有人義，未委辨自類相對義，故自他相對義，亦以不詳也。至成佛門者，緣起圓融諸義不具足故，唯存理性一味所因，故皆隱沒一乘法相也，是故詳此所成義，恐有三不足失，一雖得總義，未得別義失；二雖得能成因，未得所成宗失；三於能成因中，雖得少分，未得全分失也。第一雖得總未得別失者，諸宗家明緣起有總別。總者，如問答云：「問：一人修行，一切人皆成佛，其義云何？答：此約緣起之人說故，一人卽一切人，一切人卽一人故。修言亦爾，一修一切修，一切修一修故。同云得也」等。此約總門緣起義說，委不分別六相、十玄等別義。就此門言之者，一人斷惑時，一切人皆斷惑。所談義纔得此門。然所立斷惑義章，說緣起中別門，說一斷一切斷等者，是煩惱自類相對也。彼章云：「若依圓教，一切煩惱不可說其體性，但約其用卽甚深廣大。以所障法一卽一切，具足主伴等故，彼能障惑亦如是也。是故不分使習現種，但如法界一得一切得故，是煩惱之一斷一切斷也。故普賢品明一障一切障，小相品明一斷一切斷者，是此義也。」解曰，此中所言所障法者，下文所言一得一切得法界也。更不云所障人，翻此能障煩惱，云一斷一切斷，豈可通人耶？又普賢品、小相品所說，更不通人。小相品雖說三重頓圓義，釋一切斷義，唯云普滅非別，義如上釋。是故一卽一切之言，纔雖爲宗義，未辨總中別義，是一不足也。第二雖得能成因，未得所成宗者，今所成義，雖唯以事理無礙爲所因，纔成事事相融義，未及重重無盡故，無由顯示一多相卽因陀羅網法界斷惑成佛道理。何者，有人爲成此義引探玄記文。彼文是第一卷第五能詮教體段，出十重教體中第七事融相攝門解釋文也。今可勘彼門意，先十重教體者，記云：「第五能詮教體者，通論教體，從淺至深，略有十門：一會詮辨體門，二通攝所詮門，三通該諸法門，四緣起唯心門，五會緣入實門，六理事無礙門，七事融相攝門，八帝網重重門，九海印炳現門，十主伴圓備門。」次次第釋十重教體中，第一取名句文身等能詮教，第二漸通取所詮之義，第三取有爲無爲一切法，第四攝諸法歸唯識，第五會識相猶歸真性，第六理事無礙一味，第七事事融攝爲教體，於中有二義，記云：「初中先一在一切中，謂如一教法不礙存事，全是真理，真理遍餘一切事中，同理教事亦如理遍。是故一切法中，常有此一。依是義故，無一微細塵毛等處不佛說教。故此經云：『一切佛刹微塵中，盧遮那現自在力，弘誓願海振音聲，調伏一切衆生類。』二一切在一中，謂無分齊理，既不能改性，而全是一事，是故一事攝理無不皆盡。餘事如理在一事，以理無際限不可分故。隨一事處皆全攝也。是故一中常有一切，依是義故。此經云：『於此蓮華藏世界海之內，一一微塵中見一切法界，又又於一法中，解衆多法；衆多法中，解了一法』等。當知此十門總說教體門故。

次前理事無礙門中，理教相對成無礙義。卽理者真理，事者教也。別相按第六理事無礙門，故舉稱性一味義爲本，成事事相融義也。此十門俱是教體門十義也，更不論斷惑成佛等別義。然何捨六相、十玄等事事圓融成立正文，强出教體一分文耶？是其不足也。第三雖得少分，未得全分。

失者謂宗家出圓融所因有十種：一諸法無定相故，二唯心現故，三如幻事故，四如夢見故，五勝通力故，六深定用故，七解脱力故，八因無限故，九緣起相由故，十法性融故。此即成事事圓融義正因也。然有人纔出理事無礙一因，爲事事圓融全因，卽爲成此義，引探玄記第四文爲證。尋彼文是解一中解無量，無量中解一經文釋文也。釋一文處，未必盡諸門。然宗義所立，意含圓融諸義，統其要義，立十義門。此經文於十義中，説第二一多相容，不同門中一中多、多中一義。於一門中，未盡其義，然有人引此一因爲全因，管見之甚也。問：諸義中出一義爲證，有何失耶？答：爾者須先標總數出一因，或直可云於多種中出一種，然相翻此故，所成旨趣，言諫（考：諫恐陳）意許，都似不顧有此十因，是其不足也。問：夫論義之法，設雖無文，捺意許起問端，或一字二字上，引來餘處廣文，就文便加義，就義便寄文。如此法式非一准。然今所成義者，約本宗大意，就緣起總門巧設之，所引證文等，皆亦得卽入融通旨。一斷一切斷之言者非不成。若許一切成佛者，豈一切不斷惑耶？然付此不足難，大不得意也，如何？答：於無其文探意，於無其釋求釋，是可爲決釋方法。若相違此者，未必爲指南。此所成義如汝言，約本宗大意。就像起總門故，我先許之，已爲宗義一分，剩引華嚴問答釋，證成之已。然纔雖免非宗過，尚有附宗過，譬如見贏人，是雖爲人體，有不肌滿悲。是雖爲宗義，有非了義恨，更非謂推之不得一分義也。

問：已云宗義一分，何强致難耶？答：將射的，箭誤墮地，豈云善弓術耶？像起法海深廣無邊故，一卽一切言自攝此中，豈爲善一乘性相耶？又如汝所言，於無文借文者，依無文也。於無義借義者，依無義也。然置乎遍備正文，煩求傍義，而有何益耶？又引來餘處廣釋者，爲固疑決也。然捨性相別義，以用總門一意，雖似深義，已闇重重難答。若初重守別門緣起本意，展轉迄總門圓融諳推者，於斷惑門者，非只自類相對一義立，亦一切有情一時斷義，拂底盡邊。於成佛門者，非只一切成佛義成，新新斷惑不住學地義，懸鏡燃炬矣。若爾者，難勢空凝，決斷泉涌，難答雖多重，文義無不足，自義速幢，他論靡幡矣。是豈不善決釋(考：釋恐擇)耶？能能思之。問：爾者直可捨此義，何許之爲宗義一分耶？答：智人觀海而知，算沙以悟，況向一分釋文，誰不得其義耶？今云不足，即非滿字義也。何者？汝守一門得一義，是多因中一因，猶如貧人持一鐠，未嘗無盡圓融義味，豈非不足耶？其失如前出可知。上來略明斷惑門已。

次明成佛門者，性起品明如來性起功德總有十種，第一出現乃至第十見聞得益也。第七明成菩提義，是云成佛，即一人成佛時，一切皆成佛也。出其所得體者，十種成如來力，如離世間品說，即如來成道時，得十種量等身。若不等衆生者，更不能成佛身。是故經云：「佛子如來身中，悉見一切衆生發菩提心，修菩薩行，成等正覺，乃至見一切衆生寂滅涅槃，亦復如是，皆悉一性以無性故」等。故因果交徹，一成一切成，名成道也。謂如來成道時，證一切法爲自體，云其所等，經中依增數十，出十三等身，一一切衆生等身，二一切法等身，乃至十三寂滅涅槃界等身。擧身云，音聲意業亦復如是。成正覺時，三輪已通諸法故，衆生亦成佛身也，乃至語業成佛語、意業成佛意亦如是。此即能成佛果功德，更非所成衆生所爲也。故探玄記云：「以菩薩身等衆生故，是故衆生悉於中現，以彼所現同能現故，衆生無不成佛。」問：若爾者，一佛成道時，衆生始成耶？答：一佛成道，亦無初後故，衆生成道，亦舊來如此。故探玄記云：「若圓教，卽一切衆生并悉舊來發心亦竟，修行亦竟，成佛亦竟，更無新成，具足理事。如此經文。」問：若覺位之前，有此義者，如夢之我等，亦可有其分。又如來淨法性爲體者，唯一可證一法界，何可云迷性衆生俱唱覺耶？此義似戲論設，雖說於我等可有何益耶？答：此卽實義中究竟說故，如夢衆生，亦得究竟益，卽結金剛種子，終唱此無盡究竟圓覺，如善財童子等，卽其人也。如第八會，聲聞如聾如盲，權教菩薩不得實名，由不聞此也。是故說此法門，卽名究竟化，亦名無極大悲。故經說此法門，結云：「一切如來無極大悲，度脱衆生。」探玄記釋云：「無極大悲者，同體攝化故。」旨歸釋云：「辨衆生舊來同佛者，是無極大悲也。」加之旨歸中，出說經十益中引此文名稱性益，卽云：「謂依此普法，一切衆生無不㊀皆悉稱其本性，在佛果海中，卽舊來益竟。更無新益。」清涼云：「如是化者，是究竟化。如是化者，無不化時。」問：爾者此義爲約理說，爲約事說？答：大師已約圓教釋具足理事如此經文。（如上引之）故二門俱具也。問：若約理者，何故與餘教有異耶？理門一性義，諸教共許故。若約一性者，何故論發心修行等耶？答：雖約理說，不取一味義邊，性相交徹，成一切皆成義故。清涼云：「以性融相，一成一切皆成。謂以佛之淨相，融生之染。以佛之一性，融生之多。令多染生隨一真性皆如於佛，已成佛竟。」然則取同性上生佛無礙義，成一切皆成義也。何例餘教耶！

㊀「不」原在「悉」下，據華嚴經旨歸改。

問：若立事事無礙爲宗者，唯直事事卽入，可成無礙義。何以唯心一性等道理，爲所因耶？若爾者，唯是爲事理無礙義如何？答：華嚴一部説相，歷萬境皆事事卽入爲宗。然探其所因時，出唯心一性等道理，是故釋家談事事卽入義時，全不諍。以一性等義，不爲所因。六相、十玄門等，併真如具德差別法門也。凡佛法有事理二門，以覆理之事，爲淺教事；以理卽事，爲深教事。以隱事之理，爲淺教理；以事卽理，爲深教理。宗家所談，卽後事理也。權實諸義，皆是事理上淺深論談也。是故云事，非獨事必理事也。云理非獨理，必事理也。云事云理，終無不會一。佛果三業會萬法爲體，況於所知境乎？是故若不用唯心一性等義者，可有心外境，可有非理法。唯識一性義不成立，若爾者非佛法，以可爲邪宗。（問：唯識一性義不成者，可言爲小乘，何故云非佛法耶？答：小乘正説緣生義故，此緣生義，遍一切有爲法。汝好難，可立理外事，爾者是爲性有，不同小乘。離真如外可有有爲實體，不同大乘。卽同數論外道計也。）汝迷法門玄底，暗法相道理故。妄致此僻難，所謂宗與因其義差別，是故因明門三支五分中，宗與因別出之。謂一性等義，是能成立事事無礙義所因也。事事無礙義，是爲一性等因所成立宗法也。何得能成因中，依有一性等義，所成宗法，非事事無礙耶？況復判經論淺深，依所詮宗趣不同，設雖有所談，若少分尚以不爲宗。故清涼云：「多分爲宗」，況全不説耶？若約以一理爲入門者，一切佛法，皆是一味也。是故小乘緣生無我法門，可爲諸大乘入門。若見宗趣不同者，非無諸宗差別，況復十玄六相事門，無障無礙，融通妙義，一多相卽，緣起無礙，斷惑成佛之建立，未聞如我宗盛談乎？卽如同體門本數一，徹遍二、三、四、五等中，因陀羅網無礙境界，終不得其邊際者，豈非事事無礙至極談耶？故華嚴問答中，明十佛成佛義中云：「問：三乘教中，亦有此義，何故但是十佛㊀乎？答：三乘教中，但約一真如法身一體無二義以說耳，未明別別相續事事門中如是義，是故分齊不同也。」問：若如此成者，何故現見有生死衆生？答：探玄記中爲除此疑執故，約五教判之。彼意云，此是別教中義，然諸衆生若於人天位著，具足人法二我實物。若小乘教中者，此衆生唯是一聚五蘊實法，本來無人。若大乘初教，唯識所現當相卽空，無人無法。若約終教，并是如來藏緣起，法身衆生，義一名異。若約頓教，衆生相本盡，理性本顯，不說卽佛卽衆生等。若圓教，一切衆生舊來成佛，汝在人天位中見，當相卽空尚非分，況見圓教中事，但情見若破，法界圓現，一切衆生無不成佛，如經所說。（已上守本記文，取意出之。）

問：若爾者相翻一成一切成義，亦可有一不成，一切不成義耶？答：爾也，有此義也。故演義抄翻釋此義云，亦可說言一不成一切不成，同一性故。今是成門故，云一切皆成佛也。（解曰，緣起諸義，具足如成佛門，與彼義相應，亦有不成門也。相翻爲異，可思之。）問：爾者言一切成佛者，且可然，可增出世善故。若言一切不成者，卽是撥無佛果大邪見也，豈不招深殃耶？答：如情謂所得者，設終日雖對佛身，尚非見佛，況有知成佛義耶？若智契緣起理，心合難思境，是人深得佛惠。汝之執一佛成道者，是失也；我之立一切不成者，是得也。何者？我深信圓經妙義，於成不義無傾動故，汝固著情見迷而起，妙義故。設親雖見樹下降魔成道，尚以非真見也。是故五十要問答判見佛義中云：「若依三

㊀「佛」下原有「耶」字，據華嚴經問答刪。

乘見佛實㊀色身等卅二相不名見佛，由與分別遍計合故。假使見可似之相，即是謂似，示非見佛㊁。若知無性無來去相，即色是空，非色滅空等。不如所謂是名見佛，由與佛體相應故。依一乘教，見聞已去乃至會知無生相，及應十數見其十佛。」乃至「由如是見順正理故，則能覩見無上如來。」明知，順理智見，是真見也。不可關情謂分別，依有一不成一切不成義，有一成一切成義。如說以有空義故，一切法得成等。如會取言，諸說皆非；得意而談，諸說皆是。迷情之前，見尚非真見，成亦非真成，況說不成者，不是大邪見也？我談緣起無性、一多相即、純雜自在、成不成義故，依云不成，彌成立成義也。問：爾者，成佛時全佛無衆生，不成佛時全衆生可無佛。若爾者，何有能化所化之義耶？答：香象大師自作此問答，（問全同此之。）答文云：「全佛不捨全衆生，全衆生時不捨全佛，義非全佛無衆生，非全衆生無佛。雖冥無二，而不相參，豈得無能化所化之義？雖非無能所，而非有能所。」解曰，皆是緣起門自在談也。故下文云：「隨須皆得，其猶如虛空化虛空，在於聖說也。莫爲緣起法中隨分別情所計見。」衆生舉體全是佛，佛舉體全是衆生。或生佛俱存，或冥同無二，諸門皆得，此約緣起門說。乃至緣起人，是一人卽一切人，一切人卽一人。緣起法，卽一法卽一切法，一切法卽一法故。於緣起時，一時一切時，一切時一時。一修一切修，一切修一修。一成一切成，一切成一成。一不成一切不成，一切不成一不成等，諸門皆得也。具如香象大師問答

㊀「實」，原作「真」，據華嚴五十要問答改。
㊁「佛」下原有「云」字，據華嚴五十要問答刪。

辨：「唯是緣起深智境界，非遍計事識所知也。」

前有人難一成一切成義云：可有佛果增衆生界減之過，如何？通曰，（如上大師問答釋意云云。）難答俱得其旨。但或人云，付此難勢云增減名目，如何一有一失云減，皆有云增？然一切成佛者，衆生界皆無，何可云減耶？卽有人通云，此取佛界衆生界爲一聚作增減也。衆生分皆盡，悉成佛界分故，云增減無過。今云明此生佛不增減義，宗家總有二門，一依因陀羅網無盡義，說無增減義，此唯約圓教說；二依法性無二義，說無僧（考：僧恐增）減義，此總可通終教等說。第一義者，依緣起自在道理，一身（考：身恐卽）多，多卽一，微細相容，重重無盡。只隨智差別，見因果前後次第，主伴伴主，相見無礙。依此義故，一成一切成義立。只非成立此義，依此故復成生界佛界不增減義也。是故至相大師一乘十玄門釋因陀羅網境界門中云：「問：若此宗明相入不論神力，乃言自體常如此者，斯則渾無境界，無始無終，何緣得辨因果教義等耶？答：只以隨智差別故，舉一爲主，餘則爲伴。猶如帝網，舉一珠爲首，衆珠現中。如一珠卽爾，一切珠現亦如是。是故前經舉一菩薩爲主，一切菩薩圍繞，一一菩薩皆悉如是。又如諸方皆來證成，同其名號，一切十方證成，皆亦如是。所以成其無盡復無盡，而不失因果先後次第，而體無增減。故經云：『一切衆生盡成佛，佛界亦不增，衆生界亦不減。若無一衆生成佛，衆生界亦不增，佛界亦不減也。』」解曰，此經說相應法性實德故，證成諸佛菩薩不動自位，而來去自在。所說法門亦如是，因果恒在實德中，不動法性故。因位衆生，果位諸佛，雖去來於流轉、還滅二門，體無增減也。是故生界佛界，無增減義，復由此緣起，道理無礙故也。只非去此難，以此義故，復爲成無增減義能作具也。思之可見。

第二義者，法界衆生界無二體故，不可有增減義。如華嚴經云：「菩薩深入衆生界如法界，衆生界法界無有二。無二法中，無增無減，無生無滅，無有無無，無取無依。無著無二。何以故？菩薩了一切法法界無二故。」大疏第四下釋云：「現化衆生有增有減，而言不著，其故何耶？釋意云，以菩薩深觀生界同於法界，無增等故，所以不著。」（衆生界如法界義，刊定記大意同之。）抄第十一下云：「以生界有二義，一者性義，卽衆生是法界義；二者分義，謂衆生相。若依究竟，相卽同性，亦理平等。但取分義，衆生成佛義則有減，但未盡故言無滅。」解曰，衆生以真如爲性，此名法界，一理平等，故無成不。若約衆生相義，成佛時捨相歸真，故衆生體上有減義。此於一衆生上約捨相歸真邊，假云滅也，非謂實於衆生數有減。如鳥飛行虛空，雖於十方空中無彼近此遠差別，而飛行功不虛，雖不虛而空界無近遠別。問：實教大乘意，說一切衆生悉皆成佛。若許悉皆之言者，衆生界悉成佛，佛界無退墮義，豈衆生不減耶？若云不減者，非不信悉皆成佛義耶？如何？答：香象大師引不增不減經云：「大邪見者，見衆生界增，見衆生界減，以不如實知一法界故，於衆生界起增減見。」大師自釋云：「當知經意明一切衆生一時成佛，佛界不增，衆生界不減。故彼經云：『衆生卽法身，法身卽衆生。衆生法身，義一名異。』」解云，況衆生界如虛空界，設如一鳥飛於虛空，從西向東逕百千年，終不得說東近而西遠。何以故？虛空無分齊故。亦不得云總不飛行，以功不虛故。當知此中道理亦爾。非有滅度，令有終盡；非無終盡，有不滅度。故衆生界甚深廣大。唯是如來智所知境，不可以狂心限量斟酌起增減見。(已上起信論義記釋也，五教章種姓義意同之。)解曰，此中所引經文，與華嚴經無二法中無增無減文大同。不增不減經言，以不如實知一法界故，起此見者，謂證位諸大菩薩親證法界故。深入衆生界，卽如法界。衆生相，真理性，無二無別。於此中立一法界名，斷惑成佛等義，一法界中作用也。法界不動故，不可有增減。故一切衆生，一時成佛不可減也。是故信悉皆成佛義人，亦無增減見也。

問：約理門無數量故，無增減義可然。約相門衆生實可有數量多少，何可云無增減耶？是以婆沙㊀論一百卅四計三災現起時人數云，人數死㊁亡略盡，瞻部洲內纔餘萬人。(云云，取意。)一瞻部人數幾爾耶？然減餘萬人，依大乘若約性門者，不可有減義。約相門有此義，一瞻部是雖穢土中別，以別推總，總亦可然？答：若信理性門者，此事相者可然。已云如法界，數量多少皆可如法界，未有一時一念不如法界，已同法界故。設雖現見其事用，此亦無際畔也。演義抄第一上釋往復無際義中云：「無際有二，一約廣多，無有際畔，此就事用。二約絕於邊際，據卽事同真。」乃至「言無際者，一迷來無始，故無初際；悟絕始終，際卽無際。二唯約就妄說，復有二義，一豎論去來，過去無始，未來無終，初後際二。約橫說，妄念攀緣，結無邊際。上二皆約廣多無際。若約絕際，妄無妄源，豎無初際，既無有始，豈得有終，故絕初、後際。故中論云：『大聖之所說，本際不可得。生死無

㊀「沙」，原作「娑」，今改。
㊁「死」，原作「宛」，今改。

有始，亦復無有終。』若無有始，終中當云何有？是故於此中，先後共亦無。橫尋妄心，不在內外，故亦無際。」此雖明真妄一對總門義，不增減義，亦以可同。既云廣無際絕邊際，況有增減耶？但至婆沙㊀論釋者，是約瞻部一界說增減義。若限數量見之者，設雖千世界萬世㊁界，亦可有增減。若見所居世界數量者，能居有情，亦可有數量。故今所論者，唯約一切世界一切有情說也。問：判性相論家，已約一界明增減。准知。若生界佛界相對，亦可如此說。大乘約法性說無增減義，是可一邊說，如何？答：如前說，非約一切說，若約一切者，小乘亦談此義。俱舍論第八云：「三界無邊，如虛空量。」乃至「無量無邊佛出於世，一一化度無數有情，令證無餘涅槃界而不窮盡，猶若虛空。」解曰，此亦明約一切世界一切有情，雖得滅度，不可窮盡義，如虛空量故，如文易知。次至性門說，設雖直不約性，若有能所量等義者，同亦可無邊，此義小乘亦非無准的。如婆沙㊂云：「非釋（考：釋恐擇，已下同之。）滅如有爲法數量，釋滅但如有漏法數量。」可謂法性如有情界數量，若以法性爲所如者，能如有情，更絕邊際。若絕邊際者，豈有增減義耶？如上飛行虛空喻，能能思之。

問：虛空者，是無色法故，其量無邊際。衆生是有色形，亦未必遍滿虛空，其量可少。如何？答：起信論云：「虛空無邊故，世界無邊。世界無邊故，衆生無邊。」當知衆生界數量，如虛空量。汝雖見

㊀「沙」，原作「娑」，今改。
㊁「世」，據上文意補。
㊂「沙」，原作「娑」，今改。

有分色形爲少，以無分虛空爲多。若俱無邊際者，無增減義，亦可齊等。況復聖教說，虛空界中，有無量衆生，由別業力，互不相障礙，何計能所多少耶？問：爾者，若不知衆生邊際者，佛非一切智人，如何？答：佛智無倒謬，如實能知，如實能說。謂如色法說色，心法說心，乃至有量說有量，無量說無量。是名如實知，如實說。若翻此者，皆是倒說也。今衆生無邊故，說無邊；無增減力故，說無增減。豈非一切智人耶？問：爾者，且量所數衆生，以能數數法思之。且如對十人云，一、二、三、四、五、六、七、八、九、十，所數人正合能數數。以初思之，後亦可然。若所數能數相順者，衆生何無數量耶？若有數量者，何無增減耶？答：今此能數數法，有因數果數。依探玄記，於五重，一、人中數法最下。二、諸天數法過於人。天中亦不同，如自在天王一念數，知大千雨滴等。三、小乘中舍利弗善知數法，過於人天。四、諸菩薩中數知亦差別。如釋天童子算沙數法非二乘能知，亦如文殊、普賢智識知刹塵數等，非下位所知。五、佛自所知，最極自在，一切餘位，總不能知。於此中佛數爲果數，餘數爲因數，此二通融無礙。若以人天數法，融佛知數法，當知相圓融無別可別，俱是爲果，如一雨墮海，鹹淡無別。若以果從因，卽復迹成差別數法。五重數法，依之成立。因數知極，猶亦非極，終至無極，還亦融入果數中，乃至有相卽相入、無礙自在、無盡無盡、因陀羅網境界數法。若以十數融無增無減果數。設十人雖成佛，尚不名一減，佛界亦非一增，以果數從因數，汝亦得十數知十人。汝知十數尚非極，還墮在果數，乃至無盡無盡帝網重重數法中，猶如無量無邊世界，有無量無邊衆生，各以十數同時數十人。此十數無別體，卽是無增無減果數也，何得有初後數法耶？如彼能隨土海所隨機緣，三種不思議中說，例彼知之。此義甚深，能能思之。又爲不學問人，寄淺近義說之者。迷者曰，如我所計者，虛空無色故，可無邊量。衆生有形質故，可有邊量。故能數人，至最後世界，以最後衆生，可爲所數極。問：汝執虛空無色故無量，世界衆生爲有量。聖教說三界無邊如虛空量，若世界衆生，言有邊量者，虛空亦可有邊量。迷者轉執曰，我能思之，虛空可有邊際。問：爾者虛空極際，有大山等可塞之。此能障大山等，可有邊量耶？若有邊量者，卽可虛空所容法如何？迷者曰，可無邊量。問：爾者，汝恐無邊空，立能障大山，此猶無邊者，立能障有何用？於是迷者屈伏，轉許虛空無邊義。

問：若許虛空無邊義者，有虛空處有世界義，許之耶否？迷者答曰：許之。問：爾者，世界中有衆生義，許之耶否？迷者：許之。問：爾者，此衆生無邊如虛空量，此義許否？答：許之。問：爾者，此衆生十人成佛無減義許之否？迷者答曰：我於此重未信解，我現見十人衆生生淨土，去穢土，（此最鈍人故，未及聞成佛道理，仍淨穢二土相對出之。）永不可還來。是故穢土中十人可減。問：爾者，如有人籠十丈空造舍，空界十丈可減耶？迷者答曰：爾也，虛空可減。問：汝已許虛空無邊，對何方邊際可云減耶？迷者曰：予爰心昏醉，已信虛空無邊義，而又減十丈空；欲言減實無所對邊際，將言無減。又違現量。願垂悲誨。答：諸佛常依二諦說法，智障極盲闇，謂真俗別執。汝之極執數量，不動之須信無數。如說染而不染，不染而染，說色卽是空，空卽色等，此之謂也。如前數十人法說，謂如盡東西南北四維上下虛空，一一皆有衆生。各籠十丈虛空爲舍，此虛空實各各彼（考：彼恐被）分折，各各爲十丈，離此十丈，無別虛空故。對一一人別別取量，義則似有量，但未盡邊際故，不可云有邊。如前所引清涼大師釋云，但取分義，衆生成佛，義則有減，但未盡故。言無減者，即此意也。則此十丈周遍無盡虛空，不可說其邊際，非唯無量十丈周遍虛空，一人所得十丈，又周遍無盡虛空也。此即不動汝執數量，而復說無數也。問：對一人取量，已計十丈空，實是可有量，何故實無量耶？答：先須問彼言，汝所得十丈空者，於十方空中，定爲得何方虛空十丈耶？爲定邊耶？爲定中耶？彼自心執限量，故比四方。答曰：我定得中，四方亦有無量得十丈者，曰我得中。比四方此中亦爲邊。若執者比中亦言得邊者，亦以同此難，然者中邊終爲不定。當知所以成不定者，依不得自性中邊也。若得中邊者，得何方虛空耶？是故當知虛空界廣大無邊故，設雖別取量已邊絕，邊絕故中亦絕。若無中邊者，取何量耶？依此義，設人別計十丈空，未有一人得十邊者。若不得中邊，未有一人得十丈者。若能如是知者，得與無得混同。一極十丈太虛，無有差別。此即如實知虛空相也。衆生成佛義，准此可知。知無減無盡者，知成佛道理。執減㊀盡者，甚迷成佛道理也。能能可思之。如演義抄第二下卷，釋如來廿一種功德中，釋第十八功德云：「一世界無中邊，佛德如彼，無有分限。二世界無中邊，諸佛十身，即於其中稱世界量，平等遍滿。」解曰，如說世界，虛空衆生亦以可然，即可謂虛空無中邊，衆生必如彼無有分限。二虛空無中邊，衆生即於其中稱世界量，遍滿而住。若無中邊者，設萬億有情，一時雖成佛，不可說何方有情減也。非唯少成無減，設

㊀「減」，原作「滅」，今改。

一切衆生，一時雖成佛，衆生不可盡。猶如真如諸聖，雖齊證無增減。所謂前，所謂人，别計十丈空，而不得十丈虚空者，卽此事也。此無儀無盡成佛，是實成佛也。若云減盡者，是非實成佛，是爲大邪見也。是故言似有量有減，唯約一人上假説，非謂實有量有減也。此無數量極際，卽稱甚深真法性，唯妙智隨順得入也。事理無礙義，爰彌可取信而已。

迷者曰：虚空無色無形，萬法所依故，不可有邊量。能依有情有色形有識心故，可有邊量。或約相門諍之，汝歸性答之。約一性門如虚空義計之。若約相門以虚空不可爲同喻，如何？答：上來所引經文，皆同性説之。高祖素懷，亦測佛意設解釋，當知甚深極處，非凡情境。非凡境法，皆遠情近理。經説杳冥，良有所以乎！何況萬法皆是性上相也。如來證性故，知一切相法，是故離性不能知一切法也。又設雖不約性，且約相門，有虚空處，必有世界；有世界處，皆有衆生。乃至一一虚空中，有無量無數衆生，互不相障礙。有一人數之，爲計盡此虚空量衆生耶？若云盡者，爲虚空有邊際耶？又以之爲所數爲經盡時劫耶？若不經盡者，衆生幾少，時劫幾多耶？又此能數人從此世界往來，至無邊世界，至何世界，對何衆生，爲數結之耶？又數之爲得幾數耶？若時處數量，俱不得其邊際者，當知本際不可得，亦復無有末。若無本末者，中當云何有耶？如虚空量。何者？若人若法，都無自性，由極無性故，一切法得成。此一切法互相融通，無障無礙，生死涅槃，唯是一我，是名極無我大我，無内無外，一相一味。此大我不守自性，舉體隨緣作一毛孔，舉體隨緣作八大海，大小一多理事諸法，總此一我無不所成。一一法皆舉體成故，其邊際卽如大我，只非限衆生，草木河海，毛孔微塵，一一皆如大虛空量，亦如一毛孔大我，理皆全遍於大小，非分遍故。法界即衆生界，衆生界即法界。法界即虛空界，虛空界即法界。何以故？性自爾故。於衆生界，皆具法界深廣義，即爲如來甚深廣大智境界。若相翻此者，即是遠佛智也。何者？若有自性虛空，有自性衆生者，於相門得其體，虛空衆生，自性都不可得故。如大佛頂首楞嚴經第三云：「阿難，空性無形，因色顯發，如室㊀羅城去河遥處，諸刹利種及婆羅門、毗舍、首陀兼頗羅墮、旃陀羅等新立安居，鑿井求水。出土一尺，於中則有一尺虛空，如是乃至佛㊁土一丈，中間還得一丈虛空，虛空淺深，隨出多少，此空爲當因土所出，因鑿所有，無因自生。阿難，若復此空無因自生，未鑿土前，何不無礙？唯見大地，逈無通達。若因土出，則土出時，應見空入。若土先出，無空入者，云何虛空因土而出？若無出入，則應空土。元無異因，無異則同。則土出時空何不出？若因鑿出，則鑿出空，應非出土；不因鑿出，鑿㊂自出土，云何見空？汝更審諦，諦審諦觀。鑿從人手，隨方運轉。土因地移㊃，如是虛空，因何所出。鑿虛空實不相爲用，非和非合，不應虛空無從自出。若此虛空性圓周遍，本不動摇。當知現前地水火風，均名五大，性真圓融，皆如來藏，本無生滅。阿難，汝心昏迷，

㊀「室」，原作「寶」，據大佛頂首楞嚴經改。
㊁「佛」，疑爲「出」。
㊂「鑿」，據大佛頂首楞嚴經補。
㊃「移」，原作「授」，據大佛頂首楞嚴經改。

不悟四大元如來藏，當觀虛空爲出爲入，（考：入下恐脫爲字）爲㈠非出入。汝全不知如來藏中，性覺真空，性空真覺，清淨本然，周遍法界，隨衆生心，應所㈡知量。阿難，如一井空，空生一井。十方虛空，亦復如是。圓滿十方，寧有方所，循㈢業發現。世間無知，惑㈣爲因緣及自然性，皆是㈤識心分別計度，但有言說㈥都無實義。」當知如經說，十方虛空修業發現，都無定實。皆是識心分別計度，其體即如來藏法性圓融性也。能如虛空已，如是所如衆生亦以同之。是故豎欲極其數量，數量極即歸法性。例如極煩惱至菩提，極生死至涅槃，汝將極虛空衆生數量，動入性門。是故清涼大師釋權實二宗十別中，第五重生佛不增不減別義，全以同性義釋成之。即演義抄第三上云：「謂法性既同，設一切衆生一時成佛。生界不減，佛界不增。以生佛界即是法性，不可以法性增法性。喻如東方虛空㈦是衆生，西方虛空是佛。不可以東方虛空添西方虛空。令東減西增，不增不減經、大

㈠「爲」字據大佛頂首楞嚴經補。

㈡「所」字據大佛頂首楞嚴經補。

㈢「循」，原作「修」，據大佛頂首楞嚴經改。

㈣「惑」，原作「或」，據大佛頂首楞嚴經改。

㈤「是」，原作「立」，據大佛頂首楞嚴經改。

㈥「說」字據大佛頂首楞嚴經補。

㈦「空」字據上下文補。

般若等經，皆約一性平等而說。」（疏第一上云：「一理齊平故，說生界佛界不增不減。」卽廣此文處解釋也。）又貞元疏云：「若實教說，一性齊平故，說生界不增不減，設一切衆生一時成佛，亦無增減，以皆不出眞法性故。」又今經出現品中，因說菩提無相，故無增減，義亦可。翻顯生佛不增減義，謂菩提有相可有增減，若有增減者，生佛可有增減，然無此義故，生佛亦無增減義也。當知離此非正理，故經云：「以不如實知一法界故，起增減見。」卽此之謂也。更非予之所好出性義，先所出成重重解釋顯然也。只所詮者，法是無限法，心是有限心也。汝以有限心將測量無限法，故深越（考：越恐起）此見，是爲大遇。（考：遇恐過）如和諍論云：「不可以有限心，測量無限之法，起增減見，墮闡提網。如經言，若有四部，若起增見，若起減見，諸佛如來，非彼世尊。如是等人，非我弟子。此人以起二見因緣，從冥入冥，從闇入闇，我說是人，名一闡提。」當知如是深義，一切文言之所絕故，出文言者之所信故，若情謂分別未蕩者，終日雖說，彌增迷惑。若有順理信智者，聞此大綱自可了。問：前依因陀羅網境界門。成無增減義，與此門有別耶？答：依眞如具德畢竟無盡義，成帝網門故。依帝網門，見無增減當體。依一法界門，知無增減所依，彼此相成，始終無異。

問：諸經論中以十四難等名無記法，佛不答之。今所論生佛增減邊際等義，亦以可同之，更無增減等道理故，汝何故答之耶？答：彼外道等無順理心，妄起問端，故答之，彌長戲論故。汝隨分信佛語，然雖淺智，疎於深法，不如外道等起問難，我亦非答十四難，但深解釋經中一時成佛無增無減等文也。

問：因果交徹同時成佛義，爲佛智所得。今汝與我相對，有相卽相入、斷惑成佛義耶？如何？答：相卽相入圓融無礙義，如上來十玄、六相諸門成之。若欲須卽入圓通義者，歷萬境皆須用彼方便，汝與我卽入無礙，是法性實德也。但至斷惑成佛義者，未斷已還，不名爲斷；現斷已去，爲舊來斷。未成已還，不名爲成；現成已去，爲舊來成。是故汝與我卽入故，忍智現前時，同俱斷惑。究竟果滿時，同俱可成佛。是故且置斷惑成佛義。二人相對辨相入義者，先就外相，如前生佛相對說，汝有五根，一眼根，二耳根，三鼻根，四舌根，五身根。我亦有五根。攝爲十種。先就汝五根，有同體異體門，謂眼中有耳等爲同體，餘四根相望爲異體。於我五根，亦有同體異體門，各有體用，體用上有空有力無力義，故有卽入義。同體與異體相望卽入，唯攝爲同體五根。五根亦卽入，攝爲一眼根。汝同體異體卽入，攝爲一同體五根。五根亦卽入，攝爲一眼根。是故我與汝，唯有二眼。所執實我，本來非有故。定有卽當，（考：當恐常。）定無卽斷。故此二眼者，卽緣生妙有，非定有故。緣起妙義，皆具足故。汝眼體空，我眼體有。汝眼用無力，我眼用有力故。汝眼體用卽入於我眼，卽攝爲我一眼。耳根如此卽入，攝爲我耳。鼻舌身亦如此。攝爲我五根。卽汝全體在於我五根中，無礙自在，乃至依此義故，於我一一毛孔諸根中，全收汝諸根毛孔盡。一一根處，有汝之全體。又我一一毛載汝，頓入一毛中。如是重重無盡無盡，乃至我一一毛載汝，頓入一塵中。一塵受我，我不遷一塵，是故我舉動，與汝舉動俱時。修因得果，亦可如此，乃至與一切衆生相對亦如是。此事在斷惑無間通位，爲一切斷。此事在成菩提解脱道位，爲一切成。乃至佛與衆生相對亦如是。此唯自他相對，辨卽入無礙一義。一切如此可准知。若歷十玄門説者，我與汝體上，如上諸義同時圓滿具足，名第一門。我與汝諸根互相容成立，一多無礙各住自位，名第二門。若見我，唯我體別無汝體，卽汝隱我顯也。若見汝，卽唯汝無我體，卽我隱汝顯也。兩處見，卽有俱顯俱隱義等，名第三門。我眼耳支節，各各全收汝，乃至重重無盡，名第四門。我眼收汝盡，卽一切純是眼等，是純也。諸相同時具足，是雜也。此純雜圓滿具足，名第五門。我諸根全收汝體盡，一一皆徹遍，諸根無礙成立，名第六門。我與汝隱顯、一多、理事等諸義微細安立，名第七門。我與汝俱是有爲法，遍九世十世常如此，名第八門。諸義皆唯心所成，名第九門。託我與汝生緣起正解，名第十門。上來十門中，於第一同體門，有十義。約十義中第一教義對，卽於我與汝，有五教五義。此中所演㊀者，第五海印炳現，重重無盡教體也。所言斷惑成佛者，卽無盡教義中一門法相也。理事等亦九義通五教，此中所演者，是第五普法理事也。依三乘教，理者平等真如，事者心緣色礙等。雖理事不同，而無二一性也。雖然，事義非理義也，普法中理事者，理卽事，事卽理。雖事理不參，而冥同無二。以理而言，一切無非理；以事而言，一切無非事。乃至具十義十門，謂緣起陀羅尼法。隨舉一法，盡攝一切，無礙自在故，一無一切無故。三乘卽不爾，廢理但事，一向不雜，事事中不自在故。一相教門，隨情安立，不盡理故。解行者，普賢解行法。因果者，初後相卽。無障無礙因果，一一皆具一乘無盡妙義。餘義如此可准知。此十義同時圓滿具足，斷惑成佛，名第一門斷惑

㊀「演」，原作「渲」，今改。

成佛。

依第二門，約斷惑者，所斷惑障，一多無礙。能治斷道，一多無礙。約成佛者，自他衆生，一多無礙。所得果位，一多無礙。各相容成立。餘門如此可准知。乃至遍十門六相交㊀絡，無盡圓融。謂十門成佛者，是總相也。一切衆生成佛，是別相也。共成一緣起，是同相也。一切佛佛各不相是，是異相也。一切合會得有成佛，是成相也。佛佛各住自位，是壞相也。若具歷如上緣起諸義，如此得見者，卽是入甚深緣起陀羅尼門。於一切法，無不得自在也。是故香象大師釋菩薩入海迴轉德云：「謂善入緣起陀羅尼門，令一攝一切故。」又釋果海充身德云：「謂由緣起法海，巧迴轉故，令佛無邊功德法海皆悉攝取充滿己身，是故皆得佛果功德，意由此也。」下文云：「菩薩於因緣和合中，自在乃至能隨意樂示現於佛力，此之謂也。」解曰，此中所言緣起陀羅尼門并因緣和合自在者，指此無障無礙法門，此名大緣起陀羅尼法。若菩薩得此智，得因果無礙德，此非神力變作所爲，法性家實德也。

問：汝雖作此說，我與汝彼此差別，於凡位中，自他相卽，義難信用，如何？答：豈非前所言圓融相卽義法性實德也。若是實德者，非諸佛賢聖所作，是法位不改之道理也。然者，何有因果差降，更不可論凡聖不同，是故若能有根機，證見尚不爲難，況於信受耶？如彼九龐山比丘尼，因覩毛端刹海者，卽此類也。若非其機，杜視聽於嘉會，如第八會聲聞者，卽此類也。如彼入青等遍處定人尚

㊀「交」，原作「絞」，今改。

能見周遍境，況入緣起陀羅尼門人不見一多相卽體耶？何況證十種量等身位，一切衆生，皆不成佛耶？又如婆沙㊀論八十四云：「聲聞苾芻出此定（空無邊處，定也。）已，便舉兩手捫橫虛空。有見聞言：『汝何所覓？』苾芻答曰：『我覓自身。』」得不乘空定人，尚不見自身，況入甚深緣起陀羅尼門人，滯事事隔別執見耶？若無此見者，何不唱自他相卽一切成佛耶？是故設雖有得通人，反汝之身體爲輪王，爲天女，是神力變作也，非法性實德也。今說我與汝俱相卽無礙，雖汝不覺悟，我不證會，是名究竟化。

問：依小乘意，遍處定境等，是定力所反也，更非實。今斷惑成佛義云，法性實德，何例此耶？答：小乘猶說定力作用如此，況一乘說法性實德不然耶？何況依華嚴一乘意，如彼定力作用等，皆是說顯法性實德。如說金剛圍山數無量，皆能安置一毛端，欲知至大（對至小也。）有小相菩薩因，此初發心等者，卽是諸教神力變作，皆攝此句中。此大小相卽義，法性實德故，爲菩薩發心因緣，豈不爲例耶？

問：汝已如此知，如此說，何忽不成正覺耶？答：豈非前言，未斷已還，不名爲斷；未成已還，不名爲成耶？云未至現斷現成位者，是人天位所見，若約普賢眼所照者，舊來如此。如宗家說，約實報有三生，一見聞位，（見聞此無盡法門，成金剛種子。）二成解行位，（十地三賢也。）三證果海位（佛果也。）如此知，如此說，卽是在見聞位，結金剛種子分位也。我在此位，已知此義，覺道圓滿時，亦如此可成佛，更

㊀「沙」，原作「娑」，今改。

不可有異轍。故至相云：「若別教言，見聞已去，即是一乘。」因果淺深階降，是宗家所談大緣起門道理也。更非不立此義，無因有果，是大邪見也。供聞此事，我如此信見，汝撥無之明知汝非圓機人，設雖在八會座席，猶如聾盲。如來有身智二光，隨分得佛惠，即得如來智光照觸也。法界品中，善財童子見普賢菩薩身分，一一支分毛孔中，悉有一切世界衆生所經時功，（考：功恐劫）諸佛出世，菩薩衆會，道場莊嚴，悉皆明見。如是等事，各各差別，互相涉入，不相雜亂。善財童子入普賢身毛孔刹中，行一步過不可說不可說佛刹極微數世界，盡未來際劫，猶不能知一毛孔中種種刹海等，如此等不可思議奇特事。云云（考：云云恐種種。）無量，此則知識依此法門，現此境界。善財依此法門，入此境界，能所冥會，不可說不可說，此處名十佛自境界，善財等有因力，善友等有大悲願力故，感證相應，即解行位也。於無盡說中，隨分見聞。如觀牖隙見無際虛空，是爲見聞位。當知果位所得法，稱因證入也。清涼云：「諸佛菩薩，昔在因中，常修緣起無性等相觀，大願迴向，講法家修及餘無量殊勝固㊀故。今如所起果，具斯無量。」明知諸佛昔在信知位，今開自在妙果，我亦在信知位。如此願，如此迴向。所得果，當在當來。何憑取相心量，不信稱性極談耶？彼順璟師（新羅國人也。）依謗此經初心成佛義，大地破烈，生身陷地獄。于時弟子雖扶接，遂不能脫其坎。于今在之。土俗名順璟那洛迦。（傳云：順璟真顯教菩薩也。況乎趙眉爲法受要，菩薩乃爲獨使提婆生陷，後於法華會上受記作佛。靜言思之。）當知奇特之法，易迷難入。毀謗之過，豈只限一人耶？勿憑情謂分別，疑不思議

㊀「固」，疑爲「因」字之誤。

法。上來二段，因義便略述圓教斷惑成佛義已，是充檀越請，不厭繁文而已。

【總釋】這一門是講，金獅子是一個整體，稱爲總相。金獅子的眼、耳、鼻、舌和身五根各有差別，是製成獅子整體的不同組成部分，稱爲別相。共同由因緣條件生起而具有共同性，這是同相。眼、耳等互不相混，各具自身的差異性，是異相。眼、耳等各根共同組成獅子，是成相。眼、耳等各根各只停留在各自本位上，不組成爲整體，是壞相。這是以金獅子爲比喻，說明現象世界的每一個事物，就事物的全體講是總相，就事物的各部分講是別相。事物由各種因緣和合而成是同相，各部分又各不相同是異相。各種因緣和合構成一個事物是成相，各種因緣保持原來的分離狀態是壞相。對於六相說法藏在華嚴一乘教義分齊章卷四有詳盡的論述，該書結尾有一總結六相的頌：「一即具多名總相，多即非一是別相；多類自同成於總，各體別異現於同；一多緣起理妙成，壞住自法常不作；唯智境界非事識，以此方便會一乘。」法藏通過論述三對六相兩兩相反相成，同時具足，互融無礙，以歸結爲佛教最高的一乘圓教法門。

成菩提第九〔一〕

菩提，此云道也，覺也〔二〕。謂見師子之時，即見一切有爲之法，更不待壞，本來寂滅〔三〕。離諸取捨，即於此路，流入薩婆若海，故名爲道〔四〕。即了無始已來，所有顛倒，元無有實，名之爲覺〔五〕。究竟具一切種智，名成菩提〔六〕。

校釋

〔一〕【遷註】萬行既圓，本覺露現。

【類解】六相遒文，一經奧旨，非情識所窺，唯智眼所覩，將遊薩婆若海，故第九成菩提。

【案】成，成就。 菩提，梵文 Bodhi 的音譯，「覺」、「智」的意思。佛教根據佛祖釋迦牟尼在畢鉢羅樹下「覺悟成道」的故事，把畢鉢羅樹稱爲菩提樹，並用「菩提」表示「覺悟」、「成道」，卽所謂對佛教「真理」的覺悟，是一種佛教的最高智慧，也是成佛的各種境地。 成菩提，是説成就覺悟，達到成佛的境地。

〔二〕【遷註】略説唐言，有此二義。

【類解】翻梵從華，新舊二義。

【案】道，指成道、道果。 覺，指覺悟，卽所謂開悟佛教「真理」，去掉無明。 菩提，舊譯爲「道」，後譯爲「覺」。

〔三〕以上四句【遷註】作「眼見師子之時，一切有爲諸法，更不待壞，本來寂滅」。以上四句【勘文】作「眼者師子之時，見一切有爲法，更不須得壞，本來寂滅」。案：「者」應爲「看」，「得」應爲「待」。以上四句【顯鈔】作「眼看師子之時，見一切有爲法，更不須待懷，本來寂靜滅」。案：「懷」應爲

「壞」,「静」爲衍文。

【遷註】喻師子相不實,當體是金不可壞也。

【類解】淨名云:「衆生即寂滅相,不復更滅。」

【案】寂滅,指一切事物本體寂静,離一切諸相。更不待壞,本來寂滅,是説一切因緣和合有生滅的事物,不是等待它壞滅以後才算是空,它本來就是空寂的。

〔四〕第四句【遷註】「道」下有「也」字。

以上四句【勘文】作「離法所捨,即於此路,流入薩波若海,故名爲道」。

【遷註】諸法無生,畢竟空寂。包含無外,不拒衆流。大道無邊,悟則斯在。是故覩此師子相,便入一切智海,更無異路。薩婆若者,此云無生智也。

【類解】離諸取捨之義,義屬上句,文連下句。謂不捨一切有爲,而取寂滅無爲,則義屬上句也。既取捨情亡,自然流入一切智海,則文連下句也。第八不動地亦明斯旨。薩婆若云一切智,今明果德爲道,故深廣如海耳。

【案】離諸取捨,離開種種執取和捨棄。薩婆若,即所謂一切種智。佛教説這種智慧廣大無邊,圓融無礙,既能瞭解事物的共相,又能瞭解事物的别相;既能了知世間的一切法,又能了知出世間的一切法,是佛才具有的最高智慧。離諸取捨,即於此路,流入薩婆若海,故名爲道。這裡法藏所講的「道」,不是菩提果位,而是能通的意思,即能使衆生通行至涅槃境界的道路。

〔五〕第三句【遷註】「有實」作「實有」。

以上四句【勘文】作「解無始已來，所作顛倒，無一實體，故名爲覺」。

以上四句【顯鈔】作「解無始已來，所作類例，元無一實體，故名爲覺」。案：「類例」應爲「顛倒」。

【遷註】妄起諸顛倒，都無有實體，正覺若現前，如空皆寂滅。卽外無纖塵，內無識念也。

【類解】起信論云：「一切衆生，不名爲覺，以從本來，念念相續，未曾離念，故說無始無明。」卽同此文，無始已來所有顛倒也。論又云：「若得無念者，則知心相生住異滅，乃至本來平等，同一覺故。」卽同次文，元無有實，名之爲覺矣。

【案】無始，意思是現象世界的一切，在時間上沒有開始。佛教認爲現有的萬事萬物是前世的因緣和合而有的，而前世的因緣又是更前世的因緣和合而有，如此輾轉推究，萬事萬物都沒有開始。由此也是說，無始表示萬物是因緣和合而成，是有因；相反，有始則是無因了。佛教認爲有始的說法是違背萬物是因緣和合而起的道理的。　顛倒，佛教所謂由於衆生愚癡無明而產生的妄見。　元，通原。

〔六〕【遷註】一悟永悟，一成永成，大智現前，更無餘物，卽成菩提也

【類解】究竟極果也，亦名究竟覺。一切種智，卽三智之一也。昔圭峯（卽宗密）疏圓覺，以一切種智釋圓明。賢首述還源，由圓明而證菩提。今文謂具一切種智而成菩提者，通而辨之，雖發辭小異，而歸宗大同也。若依起信有大智用，無量方便，乃至得名一切種智，皆屬同教。又按昭信鈔

文，敍五教機，各成菩提，唯取圓宗，以因果二門相攝，卽別教耳。

【案】究竟，終極、至極的意思。　一切種智，見前薩婆若註。

【勘文】六十華嚴㊀三十七云（性起品）：「佛子，云何菩薩摩訶薩，知見如來應供等正覺菩提。此菩薩摩訶薩知見解一切義，滅除疑惑㊁，不二等覺，無相、無行、無退、無量、無過、無縛、無脫，遠離二過知。」探玄記第十六云：「第七明性起菩提，……於中略作五門，一、釋名，菩提，此云覺，謂大智開悟，故以爲名。舊云道者，非也。二、體性，攝論云：『二智二斷爲菩提體』，若依此經，通一切法，如文知之。三、種類有五，一菩提有二，謂性淨菩提及修成菩提。出大品經。二有三菩提，一聲聞菩提，二緣覺菩提，三諸佛菩提。出十地論。三有五菩提，一發心菩提，二伏心菩提，三明心菩提，四出到菩提，五無上菩提。亦出大品經。解云，五中初一是十住初位，二是三賢位，三是初地見道，四修滿，五是佛果究竟道。四有十菩提，如離世間品說。五通一切法。經云，一切法卽菩提等。解云，三菩提約初教，二五約終教，一切法就頓教，十種據圓教，通卽可知。第四業用者，謂緣二諦斷二障，證二空起二智，印羣機現萬像，具十身邊十方，周於毛端微塵等處，通因及果，業用無邊，如此文中具足。五、釋文者，……亦以十門明菩提體性，一覺解爲性，言一切處㊂者，真俗境義

㊀「六十華嚴」，卽六十卷本華嚴經。
㊁「惑」，原作「或」，今改。
㊂「處」，一作「義」。

也。二斷障爲性，滅除疑惑者，斷二障也。三證理爲性，謂證離能所，故云不二等。四別擧離所取相，故云無相。五離能取見，故云無行。六令此相見永不再起，故云無退。又釋四當體離相，五性不遷流，六隨流不變。七具多功德，故云無量。八盡於未來，故云無邊。九性淨爲性，謂在纏無縛，出障無脱。十中道爲性，故云離二邊。上來亦是內證平等。」

【顯鈔】先梵漢對釋有二義，一道，二覺也。問：云道云覺，在何差別？答：道者，所行道路也。覺者，能行智也。文有三句，從眼看師子，至故名爲道者，釋所行道。從解無始已來，至故名爲覺者，釋能行智。從畢畢下，雙釋結屬菩提。初中言眼看師子之時等者，謂離金性無師子相故，更不待懷㈠師子相，本來是金也。一切有爲法，自性寂滅，非別治道起斷懷㈡之後令寂滅故，云更不須待懷㈢，本來寂滅。卽上句簡對治滅下句顯自性滅也。法譬合說者，能見眼是智也。所見師子是有爲法也。金卽理也。言離諸取捨者，遮有爲無爲二執失，顯一體得。若約譬喻者，離取金捨師子失，卽一體故。若約法說者，離取無爲捨有爲失，卽一體故。如說有爲法實相名無爲，又如說色卽是空等，情謂分別中。如此二執非一，故云諸也。一切菩薩，從此不二道，依入佛智海，故云卽於此路等。言薩婆若者，此云一切智，卽根本智也。智德深廣無邊，故云海也。言故名爲道者，結名一切菩薩，此不二道爲所行處，故云道也。次句辨能行智，謂不知上實相，所作無始諸業，從妄執生，不順於法，是與實相相違。是虛妄法，故云無一實體等。言故名爲覺者，結謂執生死實體，如處夢

㈠㈡㈢「懷」，應爲「壞」，形似而誤。

念中，今知空名爲覺。次句明得後得智，謂實智證知所依真理，故能依俗諦無不遍知，是故具一切種智。俱得此二智，名成菩提也。二菩提，三菩提乃至十菩提等種類分別，如別說。

【總釋】這一門是講，在觀看金獅子的時候，就能看出一切因緣和合而成的事物，不必等待後來壞滅才算空，它本來就是寂滅的。由此衆生離開對事物的執取和捨棄，循着這樣的道路前進，就會流入佛才具有的一切種智的海洋，所以叫做道。這也就是了解從無開端的無限時間以來，所有違反事理的妄見，原來都不是真實的，這稱爲覺。由此達到終極而具有佛的廣大無邊、圓融無礙、了知一切道法的智慧，叫做成就菩提智慧。這一門是宣揚，衆生如果悟知原來把現象世界的一切事物執爲實有，而實際上本來就是空的，所謂「更不待壞，本來寂滅」，那就如大夢已醒，悟知原來夢中所有現象本來不實。法藏在華嚴義海百門中說：「了夢幻者，謂塵相生起，迷心爲有，觀察卽虛，猶如幻人。亦如夜夢，覺已皆無。今了虛無，名不可得，相不可得，一切都不可得，是爲塵覺悟，空無所有。」（修學嚴成門第七）又說：「迷者，謂塵相有所從來，而復生滅，是迷；今了塵相無體，是悟。迷本無從來，悟亦無所去。何以故？以妄心爲有，本無體故。如繩上蛇，本無從來，亦無所去，何以故？蛇是妄心橫計爲有，本無體。故若計有來處去處，還是迷；了無來去，是悟。然悟之與迷，相待安立，非是先有淨心，後有無明。此非兩物，不可兩解。但了妄無妄，卽爲淨心，終無先淨心而後無明，知之。」（決擇成就門第十）在修華嚴奧旨妄盡還源觀中又說：「如人迷，故謂東爲西，乃既悟已，西卽是東，更無別東而可入也。衆生迷，故謂妄可捨，謂真可入。乃至悟已，妄卽是真，更無別真而可入也。」衆生在夢中執夢中現象爲實，這是迷，是顛倒；醒來後知道是夢中現象，本來無實。所謂迷，所謂顛倒，就是無實，有了這種悟解，進入這種境界，也就成就菩提智慧了。

入涅槃第十〔一〕

見師子與金，二相俱盡，煩惱不生〔二〕。好醜現前，心安如海〔三〕，妄想都盡，無諸逼迫。出纏離障，永捨苦源，名入涅槃〔四〕。

校釋

〔一〕【遷註】智體卽如，名大涅槃。

【類解】菩提智果，覺法樂也。涅槃斷果，寂静樂也。照而常寂，心安如海，故第十入涅槃。

【案】入，淨源解爲「了達悟解」，也可通俗地釋爲進入。涅槃，梵文 Nirvāṇa 的音譯，舊譯爲「泥曰」、「泥洹」、「泥畔」、「涅槃那」等，意譯爲「滅度」、「寂滅」。或稱「般涅槃」、「般泥洹」，意譯「圓寂」。佛教宣揚衆生經過修持，就能够「寂（熄）滅」一切煩惱，除生死患，不再産生有生死循環的苦果；能够圓滿具備一切「清淨功德」，獲得無爲寂滅的安樂。如淨源所解「涅槃斷果，寂静樂也」，也就進入了佛教的最高理想境界。這種境界稱爲涅槃。後來也稱僧人逝世爲「涅槃」。

〔二〕第一句【遷註】「見」上有「謂」字。

【遷註】就「謂見師子與金，二相俱盡」作註云：喻也。

【類解】二相俱盡，所觀境空也。煩惱不生，能緣心泯也。內外雙亡，玄寂著矣。

【案】二相，指獅子和金。　煩惱，煩是擾的意思，惱是亂的意思，擾亂身心，叫做煩惱。大智度論七：「煩惱者，能令心煩，能作惱故，名爲煩惱。」如貪、瞋、癡等，佛教叫做根本煩惱，說是能生起其他種種煩惱，佛教言其多稱有八萬四千種煩惱。

〔三〕【遷註】就「煩惱不生，好醜現前」作註云：身心相盡，煩惱不生，即大涅槃究竟玄寂。又就「心安如海」作註云：經云：「若能安心如海，中好醜皆空無所住。」

【類解】新記云：「如金作器，巧拙懸殊，即好醜現前也。」記次文云：「一以貫之，唯金究竟，即心安如海也。」上句覆疏二相俱盡，下句覆疏煩惱不生。

【案】心安如海，是說心內一切都無所住，不生任何煩惱。

〔四〕後二句【遷註】作「永離苦源，名爲入涅槃也」。

第二句【勘文】「無諸」作「無法」。案：「無諸」是。

【遷註】安盡全眞，無諸逼迫，任逍遙出纏，魔惱不相侵奪。離障法門無滯礙，湛然寂靜常安樂，利益羣生出苦源，我今稽首獲無餘，一切有情同解脫。肇公（即僧肇）云：「功流萬世而常存，道通百劫而彌固，成山假就於始簣㊀，修途託至於初步，果以功業不可朽故也。」然三乘之教有次第，故

㊀「簀」，應爲「簣」。

圓、頓之理，渾融無礙。一法之上，了一切法，一行之中，具一切行，因該果海，果徹因源，果是卽因之果，因是卽果之因，平等無二相也。經云：「平等真法界，無佛無衆生」矣。

【類解】惑業都盡，無集諦之妄想也。三苦皆亡，無苦諦之逼迫也。無漏智發，出纏離障，則道諦已修也。解脱自在，永離苦源，則滅諦已證也。入者，了達解悟之名。涅槃，義翻圓寂。經云：「流轉是生死，不動名涅槃。」然涅槃一章，誠雜華之淵藴，故晉譯寶王性起，而搜玄、探玄鉤深以索隱；唐翻如來出現，則舊疏新記聯芳而續燄。且高麗國中，斯文尚備，而傳授不絶。況此諸部，盡出中華，願諸後昆，求師鑽仰，同報雲華、賢首、清涼、圭峯之劬重德耳。

【案】妄想，佛教認爲衆生對事物進行虛妄的計度，並妄加分別、執取事物的種種形相，都不符合真實。這種妄想是衆生陷於不斷輪迴的重要根源。楞嚴經說：「一切衆生，從無始來，生死相續，皆由不知常住真心，性淨明體，用諸妄想。此想不真，故有輪轉。」纏，煩惱的異名，佛教以煩惱能纏縛人的心身，故又名爲纏。大乘義章說：「能纏行人，目之爲纏。又能纏心，亦名爲纏。」障，有兩種，一煩惱障，佛教以煩惱能障礙善法聖道，不能進入涅槃，故名；二所知障，佛教以衆生執著萬物爲實法，會障礙能知之智的產生，不能成就菩提，故名。

【勘文】六十華嚴三十七云：「佛子，云何菩薩摩訶薩，知見如來應供等正覺大般涅槃？此菩薩摩訶薩欲知見如來應供等正覺大般涅槃者，當如是知如如般涅槃，如來大般涅槃，亦復如是。如實際，如法界，如虛空界，如實性，如離欲際，如無相際，如我性際，如一切法性際，如真實際，如般涅槃。如來大般涅槃，亦復如是，何以故？涅槃非生滅法，若法不生，當知不滅，去無所至。」探玄記十六云：「第九明性起涅槃……略作五門，一釋名，二體性，三種類，四業用，五釋文。前四如別說。釋文中……就初門中三，先舉法勸知，當云何知？謂如如般涅槃等，當如是知。二、如如下，正辨所知，先標一如門，以會涅槃，謂卽此雙林北首涅槃，卽同真如平等一味，不生不滅故，云猶如真如涅槃亦爾也。下九例然，並是如之異名，意顯涅槃同彼真性，令明淨故，約此多門說也。三、何以故下釋法同喻，亦是釋事同理。」大乘法界無差別論疏（法藏撰）云：「涅槃名圓寂，卽正理也。」孔目四云：「涅槃者有三種，一、小乘涅槃，謂有餘無餘。有餘者，有餘身知（智）；無餘者，無餘身知（智），同數滅無爲爲體。二者、三乘涅槃，有其五種、一無住處涅槃，二自性涅槃，三方便淨涅槃，四有餘涅槃，五無餘涅槃。無住者，智悲相導，無住著故，此義通因果。性淨者，本有故，寂滅故。方便淨者，藉緣修故，涅槃同前釋。有餘者，有餘應化，末窮盡故。無餘者，法身無餘，順寂滅故。三、一乘涅槃者，如前所有義，若約別教言，卽十種涅槃。如離世間品說，餘義如別章。」俱舍論光記第二十三云：「圓寂，梵云般涅槃，般云圓，涅槃云寂。」又杜順和尚華嚴三昧云：「但法界緣起或者難階，若不先濯垢心，無以登其正覺故。」大智論云：「如人鼻下有有未異嗅，沈麝香等具爲嗅也。」故維摩經云：「無以生滅心行，說實相法故。」須先打計執，然後方入圓明。若有直見色等諸法，從緣卽是法界緣起也。不必更須前方便也。如其不得直入此者，宜可從始至終一一微問，致全斷或盡迷，除法絕言，見性生解，方爲得意可。

問曰：云何見色等諸法，卽得入大緣起法界耶？答曰：以色等諸事本真實已詮，卽妄心不及也。故經云：「言説若絶行，真實離文字。」是故見眼耳等事，卽入法界緣起中也。何者？皆是無實體性也。卽由無體幻相方成，以從緣生，非自性有故，卽由無性得成幻有，是故性相渾融，全收一際，所以見法卽入大緣起法界中也。問：既言空有無二，卽入融通者，如何復云見眼耳等卽入法界中耶？答云：能見空有如是者，卽妄見心盡，方得順理入法界也。何以故？以緣起法盡離見已，情繫與方緣故。

問：既知如是，以何方便令得入耶？答：方便不同，略有三種，一者微令見盡如指事。問：云何者是眼？如已前小乘中六種簡之，若入一切諸法但名門中收，無有一法非名者，復須責其所以，所以知眼等是名。如是展轉責其所以，令其已言絶解。二者示法令思，此復有二門，一剥顛倒心，決盡如指事，以色、香、味、觸等奪其妄計，令知倒，或有所執故，不順於法，卽是意識無始妄見熏習所成，無始急曳續生三界，輪環不絶，若能覺知此執，卽是緣起當處無生。二者示法斷疑，若先不識妄心，示法反成倒惑，若不示法，令見迷還著於空，所以先剥妄心，復乃示法令見。三者顯法，離言絶解，就此門中亦爲二，一遮情，二表德。言遮情者，問：緣起是有耶？答：不也，卽空故，緣起之法，無性卽空。問：是無耶？答：不也，卽有故，以緣起之法，卽由無始得有故也。問：亦有亦無耶？答：不也，空有圓融一無二故，緣起之法，空有一際無二相故也。如全與莊嚴具思之。問：非有非無耶？答：不也，不礙兩存故，以緣起之法，空有互奪同時成也。問：定是之耶？答：不也，空有互融，兩不存故。緣起之法，空奪有盡，唯空而非有；有奪空盡，唯有而非空。相奪同時，兩相雙泯。二表德者，問：緣起是有耶？答：是也，幻有不無故。問：是無耶？答：是也，無性卽空故。問：亦有亦無耶？答：是也，不礙兩存故。問：非有非無耶？答：是也，互奪雙泯故。又以緣起故是有，以緣起故是無，以緣起故是亦有亦無，以緣起故是非有非無，乃至一不一，亦一㊀亦不一，非㊁一非不一。多不多，亦多亦不多，非多非不多。如是是多是一，亦是多亦是一，非非是多，非非是一，非非多，非非一。卽不卽四句准之。如是遮表圓融無礙，皆由緣起自在故。若能如是者，方得見緣起法也。何以故？圓融一際種法見故，若不同時前後見者，是顛倒見，非正見也。何以故？前後別見不稱法故。

問：如是見已，云何方便入法界耶？答：言入方便者，卽於緣起法上消息取之，何者？卽此緣起之法，卽空言性，故幻有方成。然此法者，卽全以無性性爲其法也。是故此法卽無性，而不礙相存也。若不無性，性起不成收，以自性不生，皆從緣故。既全收性盡，性卽無爲，不可分別，隨其大小㊂，性無不圓，一切亦卽全性爲身，是故令彼爲此，卽性不礙幻相。所以一具衆多，既彼此全體相收，不礙彼此差別也，是故彼中有此，此中有彼。故經云：「法同法性，入諸法故。」解云，法者，卽舉

㊀「亦一」二字據華嚴五教止觀補。

㊁「非」下原有「不」字，據華嚴五教止觀删。

㊂此句「其」原作「無」，「小」原作「少」，均據華嚴五教止觀改。

緣起幻有法也。同性者，緣起卽空，而不礙此相故，全收彼爲此，以彼卽空，而不礙彼相故。既此彼全收，相皆不壞，是故此中有彼，彼中有此。非但彼此相收，一切亦復如是。經云：「一中解無量，無量中解一；轉轉生非定，智者無所畏。」又云：「於一法中，解衆多法，衆多法中，解了一法。」如是相收，彼此卽入，同時顯現，無前無後，隨一圓融，卽全彼此也。

問：法既如是，智復㊀如何？答：智順於法，一際緣成，冥契無簡，頓㊁現不無先後。故經云：「普眼㊂境界清淨身，我今演說人諦聽。」解云，普眼㊃者，卽是法智相應頓現多法也，卽明法唯普眼智㊄所知，簡非餘智境界也。境界者，卽法㊅，明多法互入，猶如帝網天珠，重重無盡之境界也。清淨身者，卽明前諸法同時卽入，終始難原㊆緣起集成，見心無寄也。然帝釋天珠網者，卽號因陀羅網也。然此帝網皆以寶成，以寶明徹，遍相影現，涉入重重，於一珠中同時頓現，隨一卽爾，竟無

㊀「復」，原作「後」，據華嚴五教止觀改。
㊁「無簡，頓」，原作「之差顯」，據華嚴五教止觀改。
㊂「眼」，原作「現」，據華嚴五教止觀改。
㊃「眼」，原作「賢」，據華嚴五教止觀改。
㊄「智」，據華嚴五教止觀補。
㊅「法」，據華嚴五教止觀補。
㊆「難原」，原作「離源」，據華嚴五教止觀改。

去㊀來也。今且向西南邊取一顆珠驗之，卽此一珠能頓現一切珠影。此珠既爾，餘一一亦然。既㊁一一珠一時頓現，一切珠既爾，餘一一亦然。如是重重無有邊際。卽此重重無邊際珠影，皆在一珠中，炳然高㊂現，餘皆不妨此。若於一珠中坐時，卽坐著十方重重一切珠也。何以故？一珠中有一切珠故。一切珠中有一珠時，卽坐著一切珠也。一切反㊃此，准以思之。既於一珠中入一切珠，而竟不出此一珠，於一切珠入一珠，而竟不起此一珠。問：既言於一珠中入一切珠，而竟不出此一珠者，云何得入一切珠耶？答：只由不出此珠，是故得入一切珠；若出㊄此一珠入一切珠者，卽不得入一切珠也。何以故？離此珠内無別珠故。問：若離此珠内無一切珠者，此網卽但一珠所成，如何言結多珠成耶？答：只由唯㊅獨一珠，方始結多爲網，何以故？由此一珠獨成網故，若去㊆此珠，全無網故。問：若唯㊇獨一珠者，云何言結成網耶？答：結多珠成網者，卽唯

㊀「去」，原作「已」，據華嚴五教止觀改。
㊁「既」，原作「現」，據華嚴五教止觀改。
㊂「高」，原作「齊」，據華嚴五教止觀改。
㊃「反」，原作「變」，據華嚴五教止觀改。
㊄「出」，原作「於」，據華嚴五教止觀改。
㊅「唯」，原作「准」，據華嚴五教止觀改。
㊆「去」，原作「其」，據華嚴五教止觀改。
㊇「唯」，原作「准」，據華嚴五教止觀改。

獨一珠也。何以故？一是總相具多成㈠故。若無一，一切無故，是故此網一珠成也。一切入一，准㈡思可知。問：雖西南邊一珠總收十方一切珠盡無餘㈢，方㈣各各有珠，云何言網唯一珠成耶？答：十方一切珠者，總是西南方一顆珠也。何以故？西南邊一珠，即十方一切珠故。若不信西南邊一珠即是十方一切珠者，但以墨點點西南邊一珠者，一珠㈤著時，即十方珠中皆有墨點，既十方一切珠上皆有墨點，故知十方一切珠即是一珠也。言十方一切珠不是西南邊一珠者，豈可是人一時徧㈥點十方一切珠耶？縱令徧㈦點十方一切珠者，即是一珠也。此一爲始既爾，餘爲初㈧亦然。重重無際，點點皆同。杳杳㈨難原㈩，一成咸⑪畢，如斯⑫妙喻，類法思之。法不如

㈠「成」，據華嚴五教止觀補。
㈡「准」，原作「唯」，據華嚴五教止觀改。
㈢「餘」，原作「索」，據華嚴五教止觀改。
㈣「方」字上疑脱「十」字。
㈤「者，一珠」三字據華嚴五教止觀補。
㈥、㈦「徧」，原作「邊」，據華嚴五教止觀改。
㈧「初」，原作「論」，據華嚴五教止觀改。
㈨「杳杳」，原作「香香」，據華嚴五教止觀改。
㈩「原」，原作「厚」，據華嚴五教止觀改。

然，喻同非喻，一分(三)相似，故以(四)爲言。何者？此珠但得影(五)相涉入，其(六)質各殊(七)，法不如然，全體交(八)徹故，經云，以非喻爲喻等也。諸有行者，准喻思之。盧遮那佛(九)過去行，令佛刹海皆清淨，無量無數無邊際，彼一切處自在遍(十)。如來法身不思議，無色無相無邊匹，示現色相爲衆生，十方受化靡不現。一切佛刹微塵中(十一)，盧遮那(十二)現自在力，弘誓佛海震音聲，調伏一切衆生類。

(一)「咸」，原作「識」，據華嚴五教止觀改。
(二)「斯」，原作「斟」，據華嚴五教止觀改。
(三)「分」，原作「多」，據華嚴五教止觀改。
(四)「以」，據華嚴五教止觀補。
(五)「影」，原作「顧」，據華嚴五教止觀改。
(六)「其」，原作「之」，據華嚴五教止觀改。
(七)「殊」，原作「珠」，據華嚴五教止觀改。
(八)「交」，原作「更」，據華嚴五教止觀改。
(九)「遮」，原作「舍」，據華嚴五教止觀改。
(十)「遍」，原作「邊」，據華嚴五教止觀改。
(十一)「中」，原作「事」，據華嚴五教止觀改。
(十二)「遮」，原作「舍」，據華嚴五教止觀改。

華嚴五教止觀云（全同）。私云，五教止觀有五門，一法有我之門（小乘教），二生卽無生門（大乘始教），三理事圓融門（大乘終教），四語觀雙絶門（大乘頓教），五華嚴三昧門（一乘圓教）。今言杜順和尚華嚴三昧者，引此中第五收也。

【顯鈔】上明智，此明理。智照新生果圓云菩提，理疑本有離縛爲涅槃。如次二轉依果也。謂師子，金師子，故非師子。金，師子金，故非金。約法説者，有，空有，故非有。空，有空，故非空。邊執已亡，是故云二相俱盡。已不見有爲無爲二相，必契一實理故，煩惱本自不生，是自性滅也，更不待對治也。於金師子上有好醜差別，喻順違境，對此生愛憎㊀心，況貪嗔煩惱，依智冥理，不住順違故。云煩惱不生好醜現前。謂煩惱是能生，好醜是所生也。可謂依煩惱而生，好醜現前。今依二相俱盡，心境俱寂，故云不生也。言現前者，增長義也。依此義故，此二句可讀云，煩惱生好醜，而不現前。（爲言）雖作此釋，今更所望者，現前上可有不字，或可云好醜不現歟。今章異本多之，文字加減，多多不同也。若有安不字本者，文義俱爲妙。今本雖於義無過，文句雜亂。或人云，好醜現前者，以不生真理爲好，以二邊妄執爲醜，離妄顯真義現前故，云好醜現前。或人云，以好醜現前，心安如海八字，爲一科。謂上句舉因位有相之過，下句顯果位離過之德。此等皆非文本意歟。次二句因上句顯涅槃理中境智俱寂德，謂煩惱不生故，心安如海，好醜不現故，妄想都盡也。依煩惱執相，是爲逼迫本，今離此故，云無諸逼迫。出煩惱礙云出纏，離智礙云離障。出二障之妄夢，覺

㊀「憎」，原作「增」，今改。

不生之真理，故苦本都絶，是曰永絶苦源。如前修故，心契真理，爲入涅槃也。涅槃，此云圓寂，有餘、無餘、性淨、圓淨、方便淨涅槃，乃至十種涅槃等，種類分别，如别説。

【總釋】這一門是説，看金獅子時，獅子和金二相同時滅盡，既不執著現象世界，也不執著本體世界，從而澈底了解宇宙的真實。不産生任何擾亂身心的煩惱，美好的和醜惡的事並現於前，心不爲所動，安静得如海一般。虚妄的思想都滅盡，没有各種催逼迫脅，超出纏縛人的心身、障礙成佛的煩惱，永遠捨棄造成痛苦的淵源，這叫做進入涅槃境界。

附録

一、大唐大薦福寺故大德康藏法師之碑

秘書少監　閻朝隱　撰

夫得無障礙眼者，身爲佛身；得無恐怖心者，法爲佛法。過此已往，行不圓滿，功爲未足。遠生死則摘之以説空，開冥途則勞之以救苦。與大比丘衆，應如是住不可思議。

法師俗姓康氏，諱法藏。累代相承爲康居國丞相。祖自康居來朝。父謐，皇朝贈左侍中。法師是如來得目，有辟支一毛，終年以勵堅貞，竭日而修戒行。年甫十六，煉一指於阿育王舍利塔前，以伸供養。此後更遊太白，雅挹重玄，聞雲華寺儼法師講華嚴經，投爲上足。瀉水置瓶之受納，以乳投水之因緣，名播招提，譽流宸極。屬榮國夫人奄捐館舍，未易齊衰；則天聖后廣樹福田，大開講座。法師策名宮禁，落髮道場，住太原寺。證聖年中奉勅與于闐國三藏實叉難陀譯華嚴經。神龍年中又與于闐三藏於林光殿譯大寶積經。惟聖之所歸依，惟皇之所回向。爰降綸旨，爲菩薩戒師。太上皇脱屣萬機，褰衣四海，亦受菩薩戒，因行菩薩心。法師糞掃其衣，禪悦其食。前後講華嚴經三十餘遍，楞伽、密嚴經、起信論、菩薩戒經凡十部，爲之義疏，闡其源流。如千燈光明，自不相隔閡；如一音演説，各隨類信解。

其初以力入道也，十大牛不如一青牛；其終以力濟時也，十香象不如一赤象。於無量劫，作無量

緣。伽藍許之爲法橋者，俗推之於法矩，豈謂法橋斷而法炬滅？同聲者椎胸叫喚，異類者舉身毛竪。先天元年歲次壬子十一月十四日，終於西京大薦福寺，春秋七十。其年十一月二十四日，葬於神和原華嚴寺南。帝念若驚，聖情若失，詔曰：「中使，故僧法藏，德業自資，虛明契理，辨才韞識，了覺融心，廣開喻筏之門，備闡傳燈之教。隨緣示應，乘化斯盡，法真歸寂，雖證無生之空；朝序飾終，宜有褒賢之命。可贈鴻臚卿，贈絹一千二百疋。葬事准僧例，餘皆官供。」妃主公主等禮懺，展轉施捨，勤祈所有，頃塔飾終，威儀導引，莫不備具。

弟子等忍其死，傳其教，合掌頂禮，嗚咽而不自勝。其辭曰：「西方淨域離俗塵，千葉蓮華如車輪，不知何時成佛身」。㊀

（錄自續藏經第貳編乙第七套第三册：法藏和尚傳附）

二、唐大薦福寺故寺主翻經大德法藏和尚傳

海東新羅國侍講兼翰林學士承務郎前守兵部侍郎權知瑞書監事賜紫金魚袋崔致遠㊁結

案纂靈記云：「西京華嚴寺僧千里撰藏公別錄，縷陳靈跡。」然是傳未傳海域，如渴聞梅，耳目非長，難矜井識。今且討片文別記中，概見藏之軌躅，可聳人視聽者，掇而聚之。古來爲傳之體不同，或先統

㊀ 偈文不全，第三句後已佚。

㊁ 崔致遠，新羅人。在唐朝考中進士，做過官，後回國。著有桂苑筆耕集。

其致，後鋪所因；或首標姓名，尾綰功烈。故太史公每爲大賢如夷、齊、孟軻輩立傳，必前冠以所聞，然後始著其行事。此無他，德行既峻，譜録宜異故爾。愚也雖慚郢唱，試效越顰，仰彼圓宗，列其盈數，仍就藏所著華嚴三昧觀直心中十義而配譬焉。一族姓廣大心，二遊學甚深心，三削染方便心，四講演堅固心，五傳譯無間心，六著述折伏心，七修身善巧心，八濟俗不二心，九垂訓無礙心，十示滅圓明心。深悲兩心，互准可見。書云：「錯諸枉」，「思無邪」，經曰：「爲淨土，是道場，」乃直心之謂也。事將顯實，語不芟繁，悉舉因緣，聊彰本跡。其傳：

第一科曰：釋法藏者，梵言達摩多羅，字賢首，梵言跋陀羅室利，帝賜別號國一法師。俗姓康氏，本康居國人。屠門濫説，解在字釋。雖僧會異時，而曇諦同跡。亦如法護，月支人支氏，吉藏，安息人安氏，外所謂因生以賜姓是也。諦、護後稱支、竺，蓋從西師改焉。猶吉、法二藏，皆歸釋氏，内所謂四河入海是也。高曾蟬聯，爲彼國相。祖㊀父自康居來朝，庇身輦下。考諱謐，皇朝贈左衛中郎將。母氏夢吞日光而孕，以貞觀十七年癸卯暢月旁死魄而生，身當四方合統之朝，值三寶重興之運，庸詎非商頌所謂「自天降康」者乎？康居地接乾竺，人侔梵衆，既饒師子，能胤法王，偉矣哉！弟寶藏以忠孝聞。此之謂族姓因緣。豈非以廣大心，誓願觀一切法，悉如如乎？

㊀「祖」，一作「王」。本文的文字校勘，除具體標明出處者，均據龍華道忠著新刊賢首碑傳正誤（見續藏經第貳編乙第七套第三册）。

第二科曰：年甫十七（顯慶四年己未）㊀，志銳擇師，徧謁都邑緇英。懊其拙於用大，遂辭親求法，於太白山餌朮數年，敷閱方等。後聞親疾，出谷入京。時智儼法師於雲華寺講華嚴經藏，於中夜忽覩神光來燭庭宇，乃嘆曰：「當有異人弘揚大教。」翌旦就寺膜拜已，因設數問，言皆出意表。儼嗟賞曰：「比丘義龍輩，尚罕扣斯端，何計仁賢，發皇耳目？」或告曰：「是居士雲棲求食，久玩雜華，爲覲慈親，乍來至此。」藏既飡儼之妙解，以爲真吾師也。儼亦喜傳炷之得人。自是預流徒中，後發前至，高超二運，白牛也力騁通衢；俯視六宗，赤象也躬行實土。不由他悟，莫若自知。此之謂遊學因緣。豈非以甚深心，誓觀真如，要盡源底乎？

第三科曰：及總章元年，儼將化去，藏猶居俗（時年二十六），儼乃累道成、薄塵二大德曰：「此賢者注意於華嚴，蓋無師自悟，紹隆遺法，其惟是人。幸假餘光，俾沾制度。」至咸亨元年（藏年二十八），榮國夫人奄歸冥路，則天皇后廣樹福田，度人則擇上達僧，捨宅乃成太原寺。於是受顧託者連狀薦推，帝諾曰：「俞。」仍隸新剎，周羅遂落，敻拔常科，此之謂削染因緣。豈非以方便心，推求簡擇，趣真方便乎？

第四科曰：既出家，未進具，承旨於所配寺講百千經。時屬端午，天后遣使送衣五事，其書曰：「蕤賓應節，角黍登期，景候稍炎，師道體清適。屬長絲之令節，承命縷之嘉辰。今送衣裳五事，用符端午之數。願師承兹采艾之序，更茂如松之齡，永耀傳燈，常爲導言。略書示意，指不多云。」後於雲華寺講，有光明現從口出，須臾成蓋，衆所具瞻。延載元年，講至十地品，香風四合，瑞霧五彩，崇朝不散，紫空

㊀ 括弧內的文字，係原書的雙行小註，下同。

射人。又感天華，糝空如霰（中宗讚所云「講集天華」是）。

後於佛授記寺譯新經畢，衆請藏敷演。下元日序題入文，洎臘月望前三日晚，講至華藏海震動之說，講室及寺院欻然震吼，聽衆稻麻，歎未曾有。當寺龍象狀聞天上，則天御筆批答云：「省狀具云㊀。昨因敷演微言，弘揚祕賾㊁。初譯之日，夢甘露以呈祥；開講之辰，感地動而標異。斯乃如來降祉，用符九會之文；豈朕庸虛，敢當六種之動！披覽來狀，欣暢兼懷，仍命史官，編於載籍。」無慮前後講新、舊兩經三十餘徧。

大帝永隆年中，雍州長安縣人郭神亮者，修淨行，暴終。諸天引詣知足天宮，禮敬慈氏。有一菩薩讓之云：「何不受持華嚴？」亮以無人講爲辭。曰：「有人見講，胡得言無？」及甦，委說衆驗。藏之弘轉妙輪，人天咸慶矣。故演義鈔顯證云：「講得五雲凝空，六種震地。向非入慈悲之室，著和忍之衣，昇空觀之座，而能融智海、播辯河者，孰能與於是乎！」此之謂講演因緣。豈非以牢固心，設逢極苦樂受，深觀心不捨離乎？

第五科曰：夫華嚴大不思議經者，乃常寂光如來於寂場中覺樹下，與十方諸佛召塵沙菩薩而所說也。龍勝誦傳下本滿十萬偈。東晉廬山釋慧遠以經流江東，多有未備，乃令弟子法淨、法領等踰越沙雪，遠尋衆經。法領遂至遮拘槃國，求得前分三萬六千偈來歸。時有佛賢三藏，爲僞秦所擯，投趾東

㊀「云」，原作「之」，今改。

㊁「賾」，原作「頤」，據大方廣佛華嚴經隨疏演義鈔卷十五改。

林，遠善視之，馳使飛書解其擯事。賢後至建康，於道場寺譯出領所獲偈，南林寺法業筆受，成五十卷。則知西天應北天之運，契期金水之年；東林助南林之緣，發光木火之用，共成大事，益耀中華。東安寺慧嚴、道場寺慧觀及學士謝靈運等潤文，分成六十卷。然於入法界品內有兩處文脫（一從摩耶夫人後至彌勒菩薩前，中間〔脫〕天主光等十善知識；二從彌勒後至普賢前，中間脫文殊申手案善財頂等半紙餘文）。歷年僅乎四百，製疏餘乎五三。經來未盡之言，猶如射地；義有不安之處，頗類窺天。莫究闕遺，强成箋釋。

唯藏每慨百城之說，多虧一道之文。捧香軸以徒悲，擁疑襟而莫決。引領西望，日庶幾乎！果至聖唐調露之際，有中天竺三藏地婆訶羅（此云日照），齎此梵本來屆。藏乃親共讐校，顯驗缺如。聲聞於天。尋奉綸旨，與成、塵、基師等譯出補之，復禮潤文，慧智度語，依六帙本爲定。

暨女皇革命，變唐爲周，遣使往于闐國求索梵本，仍迎三藏實叉難陀（此言喜學），譯在神都。作起乎證聖牂年，功成乎聖歷狶歲。計益九千偈，勒成八十卷（通舊翻合四萬五千偈。）命藏筆受，復禮綴文，梵僧戰陀、提婆二人譯語。仍詔唐三藏義淨，海東法將圓測，江陵禪師弘景，及諸大德神英、法寶而下，審覆證義。於譯堂前陸地開百葉蓮華，衆睹禎祥，競加精練。然攻木後其節目，致貫華眩彼文心，雖益數品新言，反脫日照所補。文既乖緒，讀者懵焉。藏以宋唐兩翻，對勘梵本。經資線義，雅協結鬘。持日照之補文，綴喜學之漏處。遂得泉始細而增廣，月暫虧而還圓。今之所傳，第四本是。清涼山鎮國沙門澄觀疏玄義云：「其第三本先已流行，故今代上之經猶多脫者，願諸達識見闕而續之，則懽之累詞悃愊，後進宜勿忘焉。」

久視年中，又奉詔翻大乘入楞伽經七卷。進內，璽書褒之曰：「得所譯楞伽經，補求那之闕文，翦流支之繁句，鉤深致遠，文要義該，唯識論宗於兹顯矣。」凡與日照譯密嚴等經論十有餘部，合二十四卷。並則天制序，深加讚述。

復至神龍年中，與喜學奉詔於林光殿譯大寶積經文殊師利授記會三卷。藏本資西胤，雅善梵言；生寓東華，精詳漢字。故初承日照，則高山擅價；後從喜學，則至海騰功。得以備詢西宗，增衍東美，拔乎十德之萃，擷其九會之芳。此之謂傳譯因緣。豈非以無間心，觀其真理，盡未來際，不覺其久乎？

第六科曰：初至相儼和尚，每嗟大教，久阻中興，會驅光統椎輪，益仰聖尊大輅㈠。因躡扶織指於慧表，緝妙宗於毫端，成華嚴經中搜玄義鈔五卷。其文也玉寡，其理也金相，追琢爲難，鎔裁有待。藏以親窺室奥，獨擅國工，善巧逞能，其器甚利。乃效同耻者之述，撰探玄記二十通。俾璞玉耀嚴身之華，渾金成刮膜之具。既玉無泣者，或金可懸乎？抑且味搜探之二言，品先後於一字，先搜則艱矣（搜者，索、求、具、擇、閱、衆、聚七訓），後探則便焉（探者，取、試、循、引、候五訓）。其難也擇而聚之之勢，其易也引而取之之速。蓋師列十門而搜已，資尋一經而探之。然或沿淺就深，陟遐自邇，聊憑俗諦，試較真談，則周禮夏官條職名中，有搜人焉，有探人焉。搜人掌十二閑務，審行九政，以導悟昏蒙。其猶儼之搜玄，統十二分教，宗舉九部，以開示知見耶！探人掌誦敍王志，道國政事，以巡天下，而喻説諸侯，使不迷惑，曉

㈠「輅」，原作「路」，今改。

萬民之心，正向王化。亦猶藏之探玄，傳通佛意，演法宗趣，以喻世間，而掩映衆說，使不混淆，開羣生之目，深感佛恩耶！窮一化之始終，資二玄之廣略，可謂立之斯立，正是玄之又玄。若向二帙，不倚五編，則撫持也儻然靡暢；或據五編，不憑二帙，則咀嚼也澹乎無味。野諺云：「師明弟子哲」，豈前後相成之謂乎？舉要言之，搜玄者索隱之離辭，探玄者鉤深之異語。隱能心索，十玄之妙旨霞張；深可力鉤，十義之圓科月滿。（儼公搜玄分齊者，豈謂大經玄旨，有分齊而可搜乎？但自立「十玄義門」，以通經旨，俾通智境，應指言搜十玄義之分齊耳。冒陳瞽言，幸詳其致。）遂使倉羞者前哲，受賜者後生，儼、藏連稱，提孩具審，古所謂死且不朽，久而彌芳者歟！

自餘鐘虛而有問必讎，劍利而無疑不剖，涉華嚴之蘊者，撮機要而補之。其名數曰：教分記三卷、指歸一卷、綱目一卷、玄義章一卷、策林一卷，就是示歸路之十科也。各標十義，通顯百門。移海影於目前，簇蓮界於掌上。復以行願所極，止觀方成，乃擬天台法華，著華嚴三昧觀、華藏世界觀、妄盡還源觀各一通，可令有目得珠。孰曰我心匪鑑，蔚傳盛觀，雅契沖宗？

又顧象教誕敷，龍經寖盛。（大經結集之後，龍王收入其宮，龍樹誦傳下本，亦是大龍菩薩所導化焉。況初譯經時，龍變青衣童子，躬自給侍，道英講說，海神來聽，致雨救旱，亦是二龍，故輒號曰「龍經」。亦猶儒教春秋，感麟而作，目爲「麟史」，或稱「麟經」。四靈㊀標題，義亦無爽。）讀誦者竹葦，聲訓爲簰檥，而況天語土音，燕肝越膽，苟非會釋，焉可辨通？遂別鈔解晉經中梵語爲一編，新經梵語華言共成音義一卷，自敍云，讀經之士實所要焉。（新經音義，不見東

㊀「靈」，原作「聖」，今改。

流，唯有弟子慧苑音義兩卷，或者向秀之注南華，後傳郭象之名乎？或應潤色耳。）實顯驗言題，誨人不倦。

古有華嚴經内佛名二卷，菩薩名一卷，莫知集者，而鳩聚闕如。藏乃閲載其名，略無遺漏，添成五軸，爲世所珍。經出虬宫已來，西東靈驗繁蔚。而或班班僧史，或聒聒俚談，義學之徒，心均愒㊀日，耳功是競，躬覽者稀。由是簡二傳而聚異聞，考百祥而牓近説，緝華嚴傳五卷，或名纂靈記。（此記未畢而逝，門人慧苑、慧英等續之，別加論贊，文極省約，所益無幾。）使千古如面，知祖習之無妄焉。

楞伽實難於往入，密嚴非易得鉤深，梵網真詮，法門嚴憲，三界無怙，唯戒可恃，皆成義疏，備舉源流。（楞伽、密嚴疏未詳卷數，梵網經疏三卷，見行於世。）加且發蒙卽山下出泉，升進乃地中生木。三根雖異，十信是資，蓋導義流，俾歸教[illegible]。於是製起信論疏兩卷，別記一卷，（疏或分爲上中下三。）十二門論、法界無差別論，亦編正義，如別流行。多心雖小不輕，疏出塵中經義。法華或云有疏，餘光未照扶桑。媧皇之代太皞也，玉鏡披圖，金輪耀德。顧貝葉之書甚博，祈悉檀之訣稍頻，乃貢金師子章一篇而仰悟之。此作也，搜奇麗水之珍，演妙祇林之寶，數幅該義，十音成章，疑覩奮吼於狻猊，勝獲賫賝於鶼雁。雖云遠取諸物，實乃近取諸身。以頷下之光，爲掌中之寶，則彼玉龍子之實玩，豈如金師子之虛求？（玉龍子之靈異，具如明皇雜録。）啟沃有餘，古今無比。復念妙度餘六，真歸在三。般若母於勃陀，引無極也，僧伽孫於曇摩，續莫大焉。故製三寶別行記一卷，均曉盲聾故也。

晚以新經既加一會，舊疏或涉三思，爰隨補衮之文，聊括提綱之義，重述略疏，始妙嚴品至第六

㊀「愒」，原作「暢」，今改。

行，迎知報盡，因越次析十定微言，僅了九定，未絕筆而長逝。料簡有十二卷，（演義鈔云：「聖后所翻，文詞富博，賢首將解，大願不終，方至第十九經，奄歸寂滅，遺恨何極！」）門人宗一、慧苑兩續遺藁，一師足二十軸，頗近從繩。苑公成十六編，或譏繼組，是惟尺有所短，詎得寸無所遺。（演義鈔云：「苑公言續，而前疏亦刊，筆格文詞，不繁先古，致令後學，輕夫大經。使遮那心源，道流莫挹，普賢行海，後進望涯，將欲弘揚，遂發慨然之歎云云。」故製疏十意中，第三扶昔大義者，皆顯藏公之述。）此之謂著述因緣。豈非以折伏心，或若失念，煩惱暫起，卽便觀察折伏，使觀心相續乎？

第七科曰：藏年十六，鍊一指於阿育王舍利塔前，以申法供。越翌載，因入山學道，屬慈親不愈，歸奉庭闈，緜歷歲時，能竭其力。總章初，藏猶爲居士，就婆羅門長年請授菩薩戒。或謂西僧曰：「是行者誦華嚴，兼善講梵網。」叟愕且喈曰：「但持華嚴，功用難測，矧解義耶？若有人誦百四十願已，爲得大士具足戒者，無煩別授，號天授師。」及後曆曰永隆元年，覲親於夏州。道次，郡牧邑宰靡不郊迎，緇侶爲榮。

屬神龍初，張柬之㊀叛逆。藏乃内弘法力，外贊皇猷。妖孽既殲，策勳斯及，賞以三品，固辭固授。遂請迴與弟俾諸榮養。至二年，降勅曰：「朝議郎行統萬監副監康寶藏，頗著行能，早從班秩。其兄法

㊀張柬之乃張易之之誤。通鑑綱目中宗神龍元年曰：「春正月，張柬之等舉兵討武氏之亂，張易之、宗昌伏誅。」道忠在新刊賢首碑傳正誤（見續藏經第貳編乙第七套第三册法藏和尚傳附）中也指出：「張柬之叛逆，柬，元本作易。按，張易之叛逆而張柬之討之，實柬之非反逆者。濬（僧濬鳳潭）未讀唐史、通鑑，妄改字，誣柬之陷叛逆莫大之罪，不識者歸責於崔致遠，豈非枉屈耶？」

藏，夙參梵侶，深入妙門，傳無盡之燈，光照暗境；揮智慧之劍，降伏魔怨。兇徒叛逆，預識機兆，誠懇自衷，每有陳奏，姦回既殄，功効居多。雖攝化無著，理絶於酬賞；而宅生有緣，道存於眷顧。復言就養，實寄天倫，宜加榮禄，用申朝獎。寶藏可游擊將軍、行威衛隆平府左果毅都尉，兼令侍母，不須差使。主者施行。」斯惟智鏡如磨，戒珠無纇，進度協忠貞之節，慈光融孝友之規。故得神人無功，匪伐其善，君子不械，能尊厥親。曾子所言，「國人皆㈠稱願焉㈡，曰幸哉，有子如此，所謂孝也」，已者，法師其人也。此之謂修身因緣。豈非以善巧心，静觀真理，不礙隨事巧修萬行乎？

第八科曰：垂拱三載，雲漢之詩作矣。詔藏於西明寺立壇祈之。長安邑尹張魯客爲請主。每夕齋戒，未七日，雨沾洽。天册萬歲中，雍州長吏建安王緡留務，值愆陽，亦求藏致之，應如響答。嘗於曹州講場，適辨教宗邪正。有道士謂辈玄元，含怒問曰：「諸法爲平等以不？」答：「平等不平等。」又問：「何有二耶？」答：「真俗異，故非一概。」黄冠益㚇，大詬三寶。翌旦頽面，歘見鬚眉隨手墮落，偏體瘡疱。遽來懺過，願轉華嚴百徧。讀經未半，形質復舊。

神功元年，契丹拒命，出師討之。特詔藏依經教遏寇虐。乃奏曰：「若令摧伏怨敵，請約左道諸法。」詔從之。法師盥浴更衣，建立十一面道場，置光音像。行道始數日，羯虜覩王師無數神王之衆，或矚觀音之像浮空而至，犬羊之羣相次逗撓，月捷以聞。天后優詔勞之，曰：「蒯城之外，兵士聞天鼓之

㈠「皆」字據大戴禮記曾子大孝篇補。

㈡「焉」，原作「然」，今改。

聲」良鄉縣中，賊衆覩觀音之像。醴酒流甘於陣塞，仙駕引纛於軍前，此神兵之掃除，蓋慈力之加被。」

長安四年冬杪，於内道場因對敭，言及岐州舍利是阿育王靈跡，卽魏册所載扶風塔是。則天特命鳳閣侍郎博陵崔玄暐與藏偕往法門寺迎之。時藏爲大崇福寺主，遂與應大德、綱律師等十人俱至塔所，行道七晝夜，然後啟之，神輝煜爚。藏以昔嘗鍊指，今更隳肝，乃手擎興願，顯示道俗。舍利於掌上騰光，洞照遐邇。隨其福力，感見天殊。或覩銑鋈晬容，或觀纓毳奇像，瓌姿瑋質，乍大乍小，大或數尺，小或數寸。於是頂釭指炬者争先，捨寶投財者耻後。歲除日至西京崇福寺。是日也，留守會稽王率官屬及五部衆，投身道左，競旅異供，香華鼓樂之妙，矇瞶亦可覩聞。洎新年端月孟旬有一日入神都。勅令王公已降，洛城近事之衆，精事幡華幢蓋，仍命太常具樂奏迎，置於明堂。觀燈日，則天身心護淨，頭面盡虔。請藏捧持，普爲善禱。其真身也，始自開塔戒道，達於洛下，凡擒瑞光者七，日抱戴者再。（初發匣日，一也；行至武功縣界，其光傍亘法門寺，二也；宿崇福寺，置皇堂內，光如火焰，又似星流，三也；行次崇仁坊門，因光高擧，且抱且戴，四也；宿渭南縣興法寺，夜如晝，五也；行至壽安縣界，光既衝天，日又抱戴，六也；安置於明堂，以兜羅緜襯，天后及儲君頂戴時，七也。崔致遠曰，愚於咸通十五年甲午春在西京，於時懿宗皇帝命使迎奉真身來自鳳翔，目覩瑞應，多是類焉。至有牛駕香車而禮拜者三，鶴當寶輿而佪翔者四，諸坊竪塔，多致動摇。）

中宗復位，神龍元年冬，勅令寫藏真儀，御製讚四章，曰：「宿植明因，專求正真。菴園晦跡，蓮界分身。闡揚釋教，拯濟迷津。常流一雨，恒淨六塵。（其一）辯囿方開，言泉廣濬。護持忍辱，勤修精進。講集天華，徵符地震。運斯法力，殄兹魔陣。（其二）爰標十觀，用契四禪。普斷煩惱，遐祛蓋纏。心源鑒徹，法鏡澄懸。慧筏周運，慈燈永傳。(其三)名簡紫震，聲流紺域。梵衆綱紀，僧徒楷則。鎮治四生，曾無懈息。播美三千，傳芳百億。(其四)」三十二句，百廿(音入)八言。雖文表虚宗，而事皆實録。

景龍二年，中夏愆雨，命藏集百法師於薦福寺，以法禱之。近七朝，遽致滂沱。過十夜，皆言浹洽。狀告，詔批曰：「法王垂範，調御流慈，敷百座以祈恩，未一旬而獲應。師等精誠講說，當致疲勞。省表循環，再三欣悦。」後踰再朏，救暵如初。勅曰：「三寶熏修，(一本云重修，或謂再設百座講乎？)一旬流液。慈雲演蔭，法雨含滋。師等精誠，遽蒙昭感。」由是中宗、睿宗皆請爲菩薩戒師，崆峒之遺美是追，萬乘歸心，八紘延首，無機見阻，有苦待除。

藏顧新經化大行焉，知真丹根偏熟矣。因奏於兩都及吴、越、清涼山五處起寺，均牓華嚴之號。仍寫摩訶衍三藏并諸家章疏貯之。善願天從，功侔踊出。尋復請許，雍、洛閭閻，争趨梵筵，普締香社。於是乎像圖七處，數越萬家。南齊王之精修，西蜀宏之善誘，重興兹日，夐掩前朝。故人皆不名，而稱華嚴和尚焉。

景雲再春，時雨罕潤，冬又不雪，人皆籲天。君命召藏禁中，懇訊救農之術。乃啟沃曰：「有經名隨求則得大自在陀羅尼，若結壇淨，寫是總持語，投於龍湫，應時必獲。」詔可其請。遽往藍田山悟真寺龍池所作法，未旬大雪。表聞，制報曰：「勅華嚴師，比屬愆陽，憂纏寢食，故令潭所，啟請祈恩，遽得三寶流慈，兩度降雪。師等精誠上感，遂乃盈尺呈祥。欣稔歲之有期，喜豐年之可望。慮不周洽，且未須出山，屈師重更用心，待後進止。」及六出偏四方，復降詔曰：「勅華嚴師，寒光稍切，不委法體如何？昨者使還，云師燒香纔畢，旋降甘雪。雖則如來演覞，實由啟懇虔誠。預喜豐年，略茲示意。」

至先天元年十一月二日，太上皇以藏誕辰，賜衣財暨食味，誥曰：「勅華嚴師，黃鐘應律，玄序登司，欣承載誕之祥，喜遇高禖㊀之慶。乘茲令日，用表單心，故奉法衣，兼長命索餅，既薦四禪之味，爰助三衣之資。願壽等恒沙，年同劫石，霜景微冷，法體安和。近阻音符，每增翹仰，因書代敍，筆不宣心。」橋陵脱屣褰衣，忘機養德。以藏乃心王室，每著精勤，悟道有因，嚴師無怠。别賜絹二千匹，俾贍興福所須。至如井中騰素怚㊁纜之光，耳飡奇説；冰内現窣覩波之影，目驗嘉祥。偈排地獄之災，二十字俾知心佛；經拔鑊湯之苦，七百人來跪羣僧。藏乃或辨彼金言所從，或假其玉軸令寫。（具如華嚴傳内所述王氏及何容師之事。）莫不惰學者起懸頭之志，阽危者荷援手之慈。此之謂濟俗因緣。豈非以不二心，隨事萬行，與一味真理融無二乎？

第九科曰：世寡尚賢，皆慚下問。人多自聖，莫悟大迷。加復語異華戎，教分權實，而唯尋末派，罕究本源。信若飛蓬，窺同側管，致使席上之義多臆斷，釁中之言或面從。縱有梵旅來儀，伽譚委悉，翻加擯黜之辱，懶致諮諏之勤。藏也蓄鋭俟時，解紛爲念。既遇日照三藏，乃問：「西域古德，其或判一代聖教之昇降乎？」答曰：「近代天竺有二大論師，一名戒賢，二稱智光。賢則遠承慈氏、無著，近踵護法、難陀，立法相宗。（以一乘爲權，三乘爲實，唐三藏奘之所師宗。）光則遠體曼殊、龍勝，近稟青目、清辯，立法性宗。

㊀「高禖」原作「高祺」，據續法法界宗五祖略記改。

㊁「怚」，原作「咀」，今改。

(以三乘爲權,一乘爲實。青目,有本云提婆。)由是華梵兩融,空色雙泯,風除惑靄,日釋疑冰。(具如探玄所釋。)外訓有言,醫不三世,不服其藥。矧於聖典,亘謬憲章。以梁陳間,有慧文禪師,學龍樹法,授衡岳思,思傳智顗,顗付灌頂。三葉騰芳,宛若前朝佛澄、安、遠。聽憶靈山之會,夢聆台嶺之居。說通判四教之歸,圓悟顯一乘之極。藏以寢處定慧,異代同心,隨決教宗,加頓爲五:其一曰小乘教,其二曰始教,其三曰終教,其四曰頓教,其五曰圓教。就是或開或合,有別有同,融正覺之圓心,變方來之邪見,永標龜鏡,實淬牛刀。從學如雲,莫能悉數,其錚錚者,略舉六人:釋宏觀、釋文超、東都華嚴寺智光、荷恩寺宗一、靜法寺慧苑、經行寺慧英,並名雷於時,跡露於後。至比丘尼衆從問道者,多誦晉經。大都禀教僧尼,僉以護律棲禪爲恒務。卽知華嚴本祖,自阿難海而來,龍猛、佛賢,禪風靡墜。觀行雙翼,可缺一乎?

初藏與海東義想法師同學。其後藏印師說,演述義科,寄示於想。仍寓書曰:「夙世同因,今生同業,得於此報,俱沐大經。特蒙先師,授茲奧典,希傍此業,用結來因。但以和上章疏,義豐文簡,致令後人多難趣入。是以具録微言妙旨,勒成義記,傳之彼土,幸示箴誨。」想乃目閱藏文,如耳聆儼訓,掩室探討,涉旬方出。召門弟子可器瀉者四英(真定、相圓、亮元、表訓),俾分講探玄,人各五卷。告之曰:「博我者藏公,起予者爾輩。因㊀棡出棡,執柯伐柯。各宜勉旃,無自欺也。」且海表覺母,想爲始祖。然初至止,若東家丘。及法信遐傳,得羣迷徧曉。斯實闇燭龍之眼,頓放光明;織火鼠之毛,益彰奇特。誘

㊀「因」,原作「困」,今改。

令一國，學徧十山。（海東華嚴大學之所有十山焉：中嶽公山美理寺、南嶽知異山華嚴寺、北嶽浮石寺、康州迦耶山海印寺、普光寺、熊州迦耶峽普願寺、雞龍山岫寺——括地志所云雞藍山是朔州華山寺、良州金井山梵語寺、毘瑟山玉泉寺、全州母山國神寺、更有如漢州負兒山青潭寺也，此十餘所。）雜華盛耀蟠桃，蓋亦藏之力爾。日出月走，俱在於東，頓漸兩圓，文義雙美。此之謂垂訓因緣。豈非以無礙心，理事既全融不二，還令全理之事，互相即入乎？

第十科曰：先天元年，龍集壬子，周正月，月幾望，右脇於西京大薦福寺，享年七十。僧夏未悉。誕以辜月，歿亦如之。則李巡有任養之評，孫炎有蟄伏之解，應茲兩釋，終彼浮生。矧乃其來也居朔後，其去也在望前。是表漸圓，先標等覺。豈非菩薩清涼月，遊於畢竟空者哉？越五日，太上皇賜誥賻贈曰：「中使，故僧法藏，德業天資，虛明契理，辯才韞識，了覺融心。廣開喻筏之門，備闡傳燈之教，隨緣示應，乘化斯盡。法真歸寂，雖證無生之空；朝序飾終，宜有褒賢之命。可贈鴻臚卿。賻絹一千二百匹，葬事準僧例官供。」唐制，文武官薨卒，一品賻物二百端，粟二百碩，降及九品，限止十端。今茲厚禮，可驗皇恩。有司給營墓夫卒人功十日，諸王公降及士庶，禮儭施捨，亘歷數焉。以其月二十四日葬於神禾原華嚴寺南。送葬之儀，皆用追寵典屬國三品格式，禮也。門人請祕書少監閻朝隱撰碑文，概表行跡，翌載中春，建於塔所。古所謂其生也榮，其死也哀。此之謂示滅因緣。豈非以圓明心，頓觀法界，無障無礙乎？

麟史稱歿有令名者三立焉，則法師之遊學、削染、示滅，三立德也；講演、傳譯、著述，三立言也；修身、濟俗、垂訓，三立功也。演一乘圓旨，憑十節妙緣，廣記備言，庶或有中。傍誆訶者，引文心云：「『舊史所無，我書則傳。欲偉其事，此訛濫之本源，述遠之巨蠹也。』㊀子無近之乎？雖多奚爲，以少爲貴。」愚瞻焉曰：「敬佩良箴。然立定哀之時，書隱元之事，信以傳信，疑以傳疑。自古常規，非今妄作。況此皆憑舊説，豈衒新聞？」且記藏公之才之美也，實得面無怍色，口無媿辭。顧起信多少之詮，譔成行廣略之録，一傳一碑。又史者，使也，執筆左右，使之記也。傳者，轉也，轉授經旨，傳廣碑略，使授於後。恭以師兄大德玄準爲名，仍以大乘遠爲別號。體葉偈之旅，首華嚴之座。嗣仍孫於想德，欽益友於藏公。且曰，古賢以取其言，而棄其身，心爲盜也。今學則禀其訓，而昧其迹，顔實靦焉。況有小鳴之徒，或陳大嚼之説，玷汙前哲，眩惑後生。雖復閻朝隱有碑，釋光嚴有傳，惰於披閲，勇在矯誣矣。至有譏史學爲魔宗，黜僧譜爲廢物，及談疏主緣起，或作化人笑端，是謂謗朋，不無忝祖，可掩耳而走，豈俾躬處休。以致遠嘗宦玉京，濫名金牓，聊翻缺語，或類象骨。遂命直書，難從曲讓，有乖即正，無異不編。猶恨目瞶寶洲，耳驚金奏，仙枰一遇，因路盡而坐忘；帝樂九成，俄曲終而夢覺。罪知相半，用捨在緣，緬徵關右之評，覬㊁續遼東之本。後博贍者，幸删補焉。

於時天復四春㊂，枝幹俱首，於尸羅國迦耶山海印寺華嚴院，避寇養痾，兩偷其便。雖生下界，幸

㊀ 文心雕龍卷四史傳第十六爲：「舊史所無，我書則傳，此訛濫之本源，而述遠之巨蠹也。」
㊁ 「覬」，原作「顗」，今改。
㊂ 此段係跋文。

據高齋，平揖羣峰，夐拋世路。而所居丈室，密邇蒙泉，韶光煦然，潤氣蒸兵，衣如遊霧露，座若近陂池。加復病躬目勞，燒灸是使，棲闃華水，牕霏艾煙。厭生而或欲焚軀，問疾者多皆掩鼻。有誰逐臭，空慙海畔一猶；無所竊香，莫遂山中三嗅。及修斯傳，自責增懷，傷手足虞，含毫不快。欻聞香氣，郁烈有餘，斷續再三，尋無來所。誰料嬴君歸載，變成荀令坐筵。時有客僧持盈，亦言異香撲鼻，春寒鼽嚏，因爾豁然。僕既勇於操觚，僧亦忻於闒鼂。斯豈掇古人芳跡，播開士德馨之顯應乎？傳草既成，又獲思夢，覩一緇叟，執一卷書而曉愚曰：「永徽，是永粲元年也。」劃爾形開。試自解曰，此或謂所撰錄，永振徽音，長明事跡，始於今日，故舉元年者耶？然而深叵詇聞，莫排疑網。適得藏大德遺像供養，因削二短簡，書「是非」二字，爲筊擲影前。取裁再三，「是」字獨見。心香所感，口訣如聞。古德既陰許非非，今愚乃陽增病病，不爲無益，聊以自寬。或人不止囅然，且攎胡曰：「子所標證，說春夢可乎哉？」愚徐應曰：「是身非夢歟？」曰：「是。」然則在夢而欲黜夢，其猶踐雪求無迹，入水願不濡者焉。書不云乎，有大夢，然後有大覺，如睡夢覺，故名佛也。抑且王者以乾坤謫見，每慎方來；庶人以晝夜魂交，能防未兆。譬形端影直，豈心正夢邪？人或不恒，巫醫拱手。苟冥應悉爲虛妄，念大亦涉徒勞耶？聞昔尼父見周公，高宗得傳說，信相金鼓，普眼山神，皆託靈遊，能融妙理。故兩朝僧史，亦一分夢書。況聖教東流，本因睡感，從昏至曉，出假入真。今也出則窘步樵原，入則酣眠燬室。暫息淒淒之歎，宜從栩栩之遊。客既溺客之笑容，予乃宰予之睡興。因憶得吳中詩叟陸龜蒙斷章云：「思量浮世何如夢，試就南牕一寐看。」於是乎擲握筆，引幽枕，遠尋宰予我，近訪邊孝先。暫遇二賢，各吟五字曰：「糞牆師有誡，經笥我無慙。」僕於恍惚中續其尾云：「亂世成何事，唯添七不堪。」

（據金陵刻經處本）

三、周洛京佛授記寺法藏傳

宋　贊寧

釋法藏，字賢首，姓康，康居人也。風度奇正，利智絶倫，薄遊長安，彌露鋒穎。尋應名僧義學之選。屬奘師譯經，始預其間。後因筆受、證義、潤文，見識不同而出譯場㊀。至天后朝，傳譯首登其數，實叉難陀齎華嚴梵夾至，同義淨、復禮譯出新經，又於義淨譯場與勝莊、大儀證義。

昔者燉煌杜順傳華嚴法界觀，與弟子智儼講授此晉譯之本，智儼付藏。藏爲則天講新華嚴經，至天帝網義十重玄門、海印三昧門、六相和合義門、普眼境界門，此諸義章皆是華嚴總別義網，帝於此茫然未決。藏乃指鎮殿金師子爲喻，因撰義門，徑捷易解，號金師子章，列十門總別之相，帝遂開悟其旨。又爲學不了者設巧便，取鑑十面，八方安排，上下各一，相去一丈餘，面面相對，中安一佛像，燃一炬以照之，互影交光。學者因曉刹海涉入無盡之義。藏之善巧化誘，皆此類也。其如宣翻（宣講和翻譯）之寄，亦未能捨，蓋帝王歸信，緇伍所凴之故。

洎諸梵僧罷譯，帝於聖曆二年己亥十月八日，詔藏於佛授記寺講大經，至華嚴世界品，講堂及寺中

㊀據崔致遠唐大薦福寺主翻經大德法藏和尚傳第三科謂法藏二十八歲始出家，而玄奘去世（唐高宗麟德元年）時，法藏年僅二十二歲，可見玄奘逝世前，法藏不可能以「名僧義學」參加其譯場，此事當爲傳説之訛。

地皆震動，都維那僧恒景具表聞奏。敕云：「昨請敷演微言，闡揚祕賾，初譯之日，夢甘露以呈祥；開講之辰，感地動以標異。斯乃如來降迹，用符九會之文，豈朕庸虛，敢當六種之震！披覽來狀，欣惕於懷」云。其爲帝王所重，實稱非虛，所以華嚴一宗，付授澄觀，推藏爲第三祖也。著般若心經疏，爲時所貴，天下流行。復號康藏國師是歟！

（録自宋贊寧：宋高僧傳卷五）

四、法藏

隆興府石室沙門　祖琇　撰

萬歲通天元年詔沙彌康法藏於太原寺開示華嚴宗旨，方緒經題，感白光昱然自口而出，須臾成蓋，停空久之。萬衆懽呼嘆異，都講僧恒奏其事。則天悦，有旨命京城十大德爲藏授滿分戒，賜號賢首，詔入大遍空寺參譯經。

※　※　※

是歲（案：即長安元年）詔賢首法師法藏於東都佛授記寺講新華嚴經，至華藏世界品，感大地震動，逾時乃息。即日召對長生殿，問帝網、十重玄門、海印三昧、參合六相總别同異成壞之義。藏敷宣有緒，玄旨通貫。則天驟聞，茫然驚異，伸請再三，藏就指殿隅金師子爲曉譬之。至所謂一毛頭師子百億毛頭師子，則天豁然領解。繇是集其語，目爲金師子章。初，靈華寺儼尊者傳杜順華嚴宗旨，藏執侍儼，盡傳其教。及儼去世，藏以巾幘㊀説法，於是京城耆德連名抗表，乞度爲僧。凡藏落髮、受具，皆則天特旨。又嘗爲則天以十圓鏡置八隅上下，皆使相向，中安佛像，然燭照之，則鏡鏡現像，互相攝入。及觀之者，交羅齊現，以表刹海十界普容無盡之旨。藏没，清凉國師澄觀宗其教，天下學者宗之，目爲一念圓融具德宗，謂之賢首教。

（録自續藏經第壹輯第貳編乙第三套第三册隆興佛教編年通論卷第十四）

五、賢首相涉載記——法藏

艮渚沙門　宗鑑　集

法藏，康姓，康居人。年十六，鍊一指供養明之育王舍利塔。尋聽華嚴，則天策名宫禁。落髮，住太原寺。佐于闐實叉難陀譯華嚴，成八十卷。詔講於佛授記寺講堂，乃京師地動，光自口出，騰涌如蓋。詔十大法師爲授戒，擢爲賢首，并菩薩戒師。睿宗内禪，亦受大戒。糞衣糲食，講華嚴三十餘徧。楞伽、密嚴、梵網等經，起信論，凡十部皆爲義疏。先天元年十一月十四日終于大薦福寺，壽七十。贈鴻臚卿，葬神和原。祕書少監閻朝隱碑。滅百年而得澄觀。

（録自續藏經第壹輯第貳編乙第三套第五册釋門正統卷第八）

㊀「幘」，原作「情」，今改。

六、賢首法藏法師傳

宋　志磐

法師法藏，其祖康居國人，來居長安。藏年十六，詣四明阿育王舍利塔鍊一指，誓學華嚴。則天朝爲沙彌，策名宮禁。通天元年詔於太原寺開華嚴宗旨，感白光昱然，自口而出，須臾成蓋，萬衆歡呼。都講奏其事，則天有旨：命京城十大德爲授滿分戒，賜號賢首戒師，詔入大徧空寺，佐實叉難陀譯華嚴經。聖曆二年十月詔講於佛授記寺，講堂京師地皆震動，即日召對長生殿。師乃指殿隅金師子，謂大經理深事廣，文博義幽，非入理聖人無以達其奥。是以立見邊之喻，曉無涯之法，以況法界體，師子喻法界用。其中立爲五教：一愚法聲聞教，二大乘始教，三大乘終教，四大乘頓教，五一乘圓教。則天豁然領解，乃著其説爲金師子章。睿宗受内禪，請師授菩薩大戒。

師糞衣糲食，講華嚴三十餘遍，楞伽、密嚴、梵網經、起信論等十部皆爲義疏。先天元年十一月終於大薦福寺。贈鴻臚卿，葬神和原。師既亡，弟子慧苑悉叛。其説滅後百年而得澄觀。

（録自宋志磐：佛祖統記卷二十九諸宗立教志）

七、三祖賢首國師

清　慈雲沙門　續法　緝

三祖諱法藏，字賢首，帝錫別號國一法師。俗姓康氏，其先康居國人，高、曾相繼爲彼國相。祖自康居來朝，占風聖代。考諱謐，太宗贈左侍中。弟諱寶藏，爲中宗朝議郎，行統萬監。

一、師托胎時，母氏夢吞日光而孕，當貞觀十七年十一月初二日生也。

二、及生而慕無上，至顯慶三年，十六歲時，煉一指於岐州法門寺舍利塔前，作法供養，誓悟佛乘。

三、次年志鋭擇師，遂辭親，求法於太白山，閲方等諸典。

四、後聞慈親不悦，歸奉庭闈，緜歷歲月，能竭其力。時儼和尚於雲華講大經，師禮爲弟子，深入無盡。

五、總章元年，二十六歲時，往釋迦彌多羅尊者所，請受菩薩戒。衆告曰：「是居士能誦華嚴，兼講梵網。」尊者驚歎曰：「但持淨行一品，已得菩薩大戒，況義解耶？」

六、咸亨元年，師二十八歲，屬榮國夫人楊氏奄歸，武后廣樹福田，捨宅爲太原寺。成、塵諸大德，受儼和尚顧託者，連狀薦舉，由是奉勅削染於太原道場，仍詔爲住持。

七、上元元年，有旨命京城十大德爲師授滿分戒，賜號賢首。（卽署字爲號也。）復詔師於太原寺講華嚴。端午節，天后遣使送衣五事。

八、調露元年五月間，雍州萬年縣何容師，嗜食雞子無算，暴死。同七百人入鑊湯獄。附信返魂者，令第四子行證，懇求師贖罪。師令誦寫華嚴經，至永隆元年八月寫就莊嚴，請僧齋懺，會衆乃見何容師等七百鬼徒到席禮謝。

九、師於晉譯每歎缺而不全，是年日照三藏齎梵本至京，高宗詔於魏國西寺，翻譯經論，師往就問之。照曰：「晉第八會文，亦來至此。」遂與三藏對校，果獲善財求天主光等十善友文。乃請譯補缺，就於西太原寺譯出法界品内兩處脱文：一從摩耶夫人後彌勒菩薩前，中間天主光等十善知識；一從彌勒菩薩後至三千大千世界微塵數善知識前，中間文殊申手過一百一十由旬按善財頂，依此六十卷本爲定。

十、尋奉綸旨，與日照三藏及道成律師、薄塵法師、大乘基法師等，同譯密嚴等經、顯識等論十有餘部，合二十四卷。復禮法師潤文，慧智法師度語。

十一、永淳元年四月間，雍州長安縣郭神亮者，修淨行，暴終。諸天引至兜率内院，禮敬慈氏。有一菩薩謂曰：「何不受持華嚴？」亮以無人講解爲辭。曰：「現有賢首菩薩弘揚，何得言無？」

十二、文明元年，師與日照三藏在西太原寺翻經暇，躬親問曰：「西域古德於一代聖教，判權實否？」答曰：「近代天竺有二論師，一名戒賢，遠承慈氏、無著，近踵護法、難陀，立法相宗；一稱智光，遠宗文殊、龍勝，近稟青目、清辨，立法性宗，自是判教疑決。」

十三、時成、塵二德問：「京兆有王明幹，死入地獄。地藏菩薩教誦偈曰：『若人欲了知，三世一切佛，應當如是觀，心造諸如來。』入見閻王，王聞之，放免。三日後方蘇，向空觀寺僧定法師説之，然不知有出否？」師答曰：「此乃華嚴第四夜摩會中偈。」檢之，果是十行頌也。

十四、垂拱二年，師於慈恩寺講雜華。

十五、永昌元年二月四日遇于闐三藏因陀羅般若於神都魏國東寺，告以沙彌般若彌伽薄昇天誦華嚴，能破修羅陣事。

十六、天授元年，覲親於夏州。郡牧邑宰，靡不郊迎。

十七、天授二年，曹州㊀牧宰，迎講大經，因論邪正。會中有左道者不信佛法，口發惡言，身面忽疱，眉鬚盡爛，遽來求懺。師誡勸曰：「此猶華報耳，汝當禮敬三寶，虔唪華嚴百徧，罪可滅矣。」讀經未半，形質如舊。

十八、長壽年間，師於雲華講百千經，有光明現從口出，須臾成蓋，衆所具載。

十九、延載元年，講至十地品，天華四散，五雲凝空，崇朝不輟，香彩射人。

二十、證聖元年三月，詔於東都大徧空寺，同實叉難陀再譯華嚴，弘景、圓測、神英、法寶諸德共譯，復禮綴文，師爲筆受。譯堂前陸地開百葉蓮華，衆覩禎祥，競加精練。太后時幸其寺，親受筆削，施供食饌。次移佛授記寺譯。

二十一、登封元年，詔師於太原寺講大經。

二十二、神功元年，邊寇拒命，出師討之。特詔師依經咒法，遏除寇虐。師盥浴更衣，建立十一面觀音像，準神咒經，行道始數日，蒯城之外，將士聞天鼓之聲，良鄉縣中，賊衆覩觀音之像，月捷以聞，優詔慰勞。

二十三、聖曆二年十月八日譯畢，佛授記寺諸大德請師開演，勅令十五日啓講，至臘月十二晚講

㊀「曹州」，原作「曾州」，據崔致遠唐大薦福寺主翻經大德法藏和尚傳改。

華藏世界海震動之文，講堂及寺宇忽然震吼；道俗數千，歎未曾有。難陀三藏并當寺龍象具表奏聞。十九日御批下云：「因敷演微言，弘揚祕賾。初譯之日，夢甘露以呈祥；開講之辰，感地動而標異。斯乃如來降跡，用符九會文耳；豈朕庸虛，敢當瑞應！」

二十四、新譯唐經，雖增現相、普賢、世界、華藏、十定諸品，却脫日照三藏所補文殊按善財文。師以新舊兩經對勘梵本，將日照補者安喜學脫處，遂得文續義連。今之所傳，卽第四本。（一、晉譯本，二、日照補，三、喜學譯，四、賢首補，今現行者。）

二十五、久視元年五月五日，詔於東都三陽宮，與實叉三藏同譯入楞伽經。

二十六、長安二年，於西京清禪寺，與實叉譯文殊授記經。

二十七、時禮部滎陽鄭公，持心經數千萬徧，再三請解，師爲著般若略疏。

二十八、長安三年，詔與義淨三藏等華梵十四人，共譯金光明最勝王經等二十一部，一百十五卷，師爲證譯。

二十九、長安四年冬杪，勅衆僧於內道場建華嚴法會。有雙浮圖放五色光，現於冰內。師親見之，指呈衆德。

三十、時天后召師於長生殿，問六相十玄之旨，師指殿隅金師子爲喻曉之。至一一毛頭，各有金師子；一一毛頭師子，同時頓入一毛中；一一毛中，皆有無邊師子，如是重重無盡。後乃豁然，隨貢金師子章一篇。

三十一、因對揚，言及岐州舍利是阿育王靈迹，特命鳳閣侍郎崔玄暐，與師偕往法門寺迎之。時師爲大崇福寺主，遂與應大德、綱律師等十人，俱至塔所，行道七晝夜，然後啓之。舍利於掌上騰光，隨人福善，感見天殊。臘月除日，至西京崇福寺中，正月十一達東都洛陽城下。凡擒瑞光者七，抱戴者再。

三十二、神龍元年，詔與彌陀山譯無垢淨光陀羅尼經。

三十三、其年張易之叛逆，因師内弘法力，外贊皇猷，及除凶徒已後，賜以鴻臚卿職，固辭固授。遂奏請與弟朝議郎行統萬監康寶藏，歸里養親。中宗降勅褒之。

三十四、冬十一月朔旦，勅令寫師真儀，御製讚四章。

三十五、神龍二年，詔與菩提流支就於西崇福寺譯寶積經，命爲證義。

三十六、景龍二年，中夏憫雨，勅師集百法師於薦福寺，以法禱之。近七朝，遽致滂沱。詔曰：「敷百座以祈恩，未一旬而獲應，師等精誠，均沾法液。」七月復旱，感驗如初。勅曰：「慈雲演蔭，法雨含滋，師等熏修，遽蒙昭感。」

三十七、由是中宗禮爲菩薩戒師，賜號國一。

三十八、師因萬乘歸心，八紘延首，遂奏請於兩都及吴、越、清涼山五處起寺，均榜華嚴之號，仍寫三藏，并諸家章疏貯之。於是乎像圖七處，數越萬家。故人於師皆不稱諱，而以大乘法師、華嚴和尚名焉。

三十九、後又召師入內，同義淨三藏譯七佛、藥師等經。

四十、景雲元年，詔與菩提流支譯寶積經，帝亦親躬筆受。

四十一、景雲二年，冬不雪，召師入禁中問之。師曰：「有經名隨求卽得大自在陀羅尼，若結壇作法，寫是呪語，投於龍湫，應時必獲。」詔可其請。遽往藍田山悟真寺龍池所作法，未旬大雪。表奏上聞。制報曰：「勅華嚴師，啓請祈恩，三寶流慈，兩度降雪。精誠上感，遂乃盈尺。慮不周洽，且未須出。」及六出徧四方，復降詔曰：「勅華嚴師，法體如何？焚香纔畢，旋降瑞雪。雖則如來演貺，實由敬懇誠切。」

四十二、太極元年七月，彗星現，睿宗詔華嚴和尚爲菩薩戒師，受心地戒。遂傳位，改號先天元年。脫屣忘機，褰衣養德。

四十三、是年十一月初二日，太上皇以師壽誕，錫衣財暨食味。誥曰：「勅華嚴師，欣承載誕之祥，喜遇高禖之慶。乘兹令日，用表單心，故奉法衣，兼陳湯餠。願壽等恒沙，年同刧石，别賜絹二千匹，俾贍興福所須。」

四十四、和尚雖爲五帝門師（高、中、睿、玄、武后也。）王臣並皆禮事，然猶糞掃其衣，禪悅其食，惟以戒忍自守，弘法利生爲務。前後講華嚴經三十餘徧。間有不了無盡法界重重帝網義者，又爲設巧方便，取鏡十面，八方安排，上下各一，相去一丈餘，面面相對，中安一佛像，然一燈以照之，互影交光，學者因曉刹海涉入重重無盡之旨。

四十五、由此輪下從學如雲，莫能悉數。錚錚嗣法者，曰宏觀、文超、東都華嚴寺智光、荷恩寺宗

一、靜法寺慧苑、經行寺慧英。

四十六、其著疏約百餘卷，晉譯華嚴經探玄記四十卷、一乘教義分齊章四卷、指歸一卷、綱目一卷、玄義章一卷、策林一卷、華嚴三昧觀一卷、華藏世界觀一卷、妄盡還源觀一卷，翻譯晉經梵語一卷、唐譯新經音義一卷、華嚴佛菩薩名五卷、華嚴感應傳五卷、楞伽經疏七卷、密嚴經疏三卷、梵網經疏三卷、法華經疏七卷、起信論疏三卷、別記一卷、十二門論宗致義記二卷、法界無差別論義疏一卷、三寶別行記一卷、流轉章一卷、法界緣起章一卷、圓音章、法身章、十世章共一卷，晚述新經略疏共十二卷。

四十七、和尚預知時至，解到唐譯第六行文，遂越次釋十定品，僅了九定，便辭帝別衆於西京大薦福寺吉祥而逝，屬先天元年十一月十四日也。世壽七十歲，僧臘四十三。帝聽若驚，聖聞如失。越五日，賜誥賻，贈鴻臚卿，絹一千二百匹，葬事準僧例，餘皆官供。

四十八、以其月二十四日葬於神禾原華嚴寺內，勑謚賢首。（卽依署謚號。）送葬之儀，皆用追寵典屬國三品格式，禮也。門人請祕書少監閻朝隱撰碑文，概表行迹。若欲詳覽，具如西京華嚴寺千里法師別録，與海東法師光嚴記，翰林侍講崔致遠傳明。

（録自清錢塘慈雲沙門續法緝：法界宗五祖略記。據金陵刻經處本。）

八、金師子章序

宋　五臺山眞容院沙門　承遷

夫龍象之蹴踏於乾坤，開奥藏兮説妙法，蟣蟻之趹踘於土塊，傳深法兮轉法輪。杜順、智儼祖師既滂大法於碧落，香象、清涼賢德早話明璪於黄泉矣。所以，雖大聖之説傳一味，華嚴一乘秀衆教；雖弘經之達士其德同，香象獨勝餘師焉。

爰於如來出興之法，有何教教内而不見其説否？設有教内而不見其説，有教外而有其文否？設有教外而有其文，説權之五十一品之名，而不隔歷其位否？設有説其位之名不隔歷，於十信之初位，盡五十二品之功，證得無生忍，斷盡無明者否？復有甚教説一乘㊀而包三世間之説否？設不對權教故，名之曰別教。是非隔別之故云別，不廢權立實之教，頓實者否？設有頓實者，其經説處純淨土而莊嚴微妙否？設有其處淨土而莊嚴微妙，非變化而真土否？設有非變化而真土，於所説之法不約理，而以事顯性者否？復有那經於序首直烈深位之菩薩否？復有那教首隔二乘，顯身土之高廣，終攝二乘，密顯三世間一而不缺之義否？設有攝二乘，直有益女人否？設有利撫女人，有現坐之得益五百否？設有那經不離自國兮得果否？設有不離自國兮悟道者，現以龍畜身兮悟道者否？設以龍畜身兮悟道者，其數一萬否？設有少分，以龍畜之身悟道者，不言攝闡提否？（闡提者是三世間，又中衆生世間也。）設有攝闡提，備説中道否？設有説中道，正有説止觀否？設有説止觀之名，現説十如否？設有説十如，正有後方便者否？設有方便，切有不依横計與空花二妄否？設有不墮二妄，有譬高山先得蒙性光之照益否？設少分有是益，於教主之故光因果俱時否？設有因果俱時，非暫時之益否？設有非暫時之益，於其佛

㊀「乘」，原作「於」，今改。

現實報，而有包十身通三世間否？設有其文，復有具十頭、十眼、十耳、十鼻、十口、十舌、十身、十手、十足、十智、十如、十忍、十明、十通、十解脱、十辨、十音、十無畏、十不具法、十佛土、十處、十會、十菩薩、十波羅蜜、十方便、十願，如是十十無盡，事事無礙，事事理理圓融之法否？唯此一經具此諸德矣。所以，談之教内，世尊拍膝，傳之祖道，三佛卷舌，提祖之就變札於鴈足，隣胡國於揚州，韻保之梳粉髮於南風，催舊涙於鷄林。此皆國土世間之説法，如來恒説之華嚴也。

以佛賀出釼㈠於口中，切普賢億億之頂，祖室擡手於法箭，破毘盧純一之貌。既往獨説之家無利益，流派之境有功德，師子之齗破一塵兮出大經卷，大象之䅣㈡迷大虚收粟中矣。

復有那師文義共遍，通達一代所説之經法否？設有通達一代，立五教，判聖教，超先代否？設有判教超他德，説道超世，教化同佛否？設有説道超他，入經藏對三藏勝論議人否？設有對三藏論議人，有傳教教人得教外益否？設有令得教外益，從口現出五光人否？設有出光人，所出光變成寶蓋否？設有光成寶蓋，舉世號小釋迦否？設有號小釋迦，入王宮爲御見拜否？設有爲王被拜，爲皇后見拜，並爲皇后説經典否？設有爲皇后被拜，及立寺塔被歸依，現身不易生，昇都率否？設有登都率，門徒繁昌六國，所流之法不斷絶，於今盛否㈢？

㈠「釼」，疑爲「釖」字，同「刀」。

㈡「䅣」，疑爲「暗」字。

㈢「否」下原有「矣」字，爲衍文，删。

爰金師子章者，依則天皇后請藏大師之所說也。文約而義深，言少而意廣，是則破小塵兮出大經卷，約太虛兮置一毛中，大悟指掌，現益扶手，碩學大悟之菩薩何㊀不勤行者乎？若欲繼佛祖之跡，欲傳事事無礙之功者，先須結跏趺坐，或用半跏趺坐。謂正大座之時，一卜坐處於閑寂，上用蒲團，略明方軌，雖不事一順，向面於初地方，當後於十向處，以左足在右脞上，舉右足安左脞上，以右手安右脞上，舉左手在右掌中，教二之大姆指面與面相柱矣。凡正坐之時，不得右側左傾，前低後仰，須耳與肩對，鼻與臍相向，以舌拄上腭，唇與唇，上齒與下齒相近，眼似開不開，似閉不閉，是學大聖之人方軌也焉。次半跏趺坐者，舉左足壓右脞若也，須以止觀之行，可依無念一門，念發則隨發，不發念者是有念也。生死何休，發念隨念則無念也，是名大涅槃。無念之無念，無相之無相，有念之有念，有相之有相，皆悉外道之所執也，更非佛家之說法也。請願諸有心倫蹄㊁釋迦佛之海印三昧，藏大師之事事觀門，莫依小乘家之滅盡三昧，外道宗之惡邪執矣耳。

（録自大正藏卷四十五）

九、金師子章題解㊂

宋　五臺山眞容院沙門　承遷

金師子者，能喻法也。究其本元卽有。唐賢首法師對則天聖帝以示大經厥旨。所謂華嚴理深事

㊀「何」，原作「阿」，今改。
㊁「倫蹄」，疑爲「論諦」。
㊂承遷在金師子章正文前，對此書作了簡要說明，茲作爲附録。標題是校釋者加的。

廣，文博義玄，非入理，聖人無以達其奥，是以立見邊之喻，曉無涯之法。金况法界體也，師子喻法界用也。今則從法就喻，略啟十門分別故，得理清鎔融，一多無礙矣。

十、金師子章雲間類解序

晉水沙門　淨源　述

法非喻不顯，喻非法不生，是故至人見一真之性匪殊也，故用金師子以況之；見羣生之器匪齊也，故用諸法章以導之。富哉！非吾祖賢首垂一乘之文，廓十方之奥，則何以流慈訓世，隨機有授？非天册聖帝卑萬乘之心，尊三寶之教，則奚能因喻了法，由法達性者乎？

然而斯文，禪叢講席莫不崇尚，故其注解現行於世者殆及四家，清源止觀禪師注之於前，昭信法燈大士解之於後，近世有同號華藏者，四衢昭昱法師，五臺承遷尊者皆有述焉。歷觀其辭，或文煩而義闕，或句長而教非，遂使修心講説二途，方興傳習之志，反陷取捨之情。源不佞，每念雅誥，嘗疚於懷，既而探討晉經二玄，推窮唐經兩疏，文之煩者删之，義之闕者補之，句之長者剪之，教之非者正之，其間法語奥辭，與祖師章旨炳然符契者，各從義類以解之。于時絶筆於雲間善住閣，故命題曰雲間類解焉。元豐三年歲次庚申四月八日序。

（録自大正藏卷四十五）

十一、金師子章光顯鈔緣起㊀

日本沙門　高辨

沙門高辨，僅誦一文，適尋一義，偏充自結緣，更不望著述，此非嬾傳燈，只憚愚闇也。爰有民部卿長房，雖形俗塵，住心真際，鎮仰大師名釋，恒味當章文義。每面會次，頻請註釋；予不應請。送一兩年，遂至承元四年夏，重有慇懃請，變色太息，流淚説志。予不任庸受，將闡玄微。又請曰：「師若允請者，願釋文，次須決疑難，顯大義，就中斷惑成佛，并生佛不增減義，殊所至要也」云云。依守此旨趣，處處有立破，惟爲成自義，未必好難答也。定有紕繆，碩德刊定而已。

（録自日本沙門高辨：金師子章光顯鈔卷上，見大日本佛教全書第十三册）

附：承遷、淨源、景雅和高辨生平簡介

〔一〕承遷，北宋後期華嚴宗學者，長期住山西五臺山真容院宣傳華嚴義理。係華嚴宗著名學者淨源的師父，所著華嚴經金師子章註爲淨源所推崇。

〔二〕淨源，生於北宋真宗大中祥符四年（公元一〇一一年），死於北宋哲宗元祐三年（公元一〇八八年），終年七十八歲。原籍福建泉州晉江，故也稱晉水淨源。他是北宋後期華嚴宗的重要代表人物，被稱爲宋代華嚴宗「四大家」之一。淨源曾從承遷受學華嚴經，也從子璿（璇）學楞嚴經、圓覺經和起信論等，

㊀高辨在注釋金師子章正文前的開頭部分，簡述了寫作金師子章光顯鈔的緣起，兹作爲附録，標題是校釋者加的。

頗推崇起信。後住浙江杭州慧因院（寺）弘揚華嚴教理，影響頗大。其弟子朝鮮僧統義天，原係王子，是與智訥并稱爲高麗佛教「雙璧」的著名高僧，他來中國和回國後送給淨源多卷本華嚴經典和一批法藏撰寫的華嚴章疏。由於這些章疏久已佚失，而在淨源時復得，而傳布，極大地幫助了華嚴宗的復興，淨源也因而被稱爲華嚴宗的「中興教主」。淨源的著作除金師子章雲間類解外，還有妄盡還源觀疏鈔補解一卷和原人論發微録三卷。

〔三〕景雅，日本華嚴宗高山寺系㊀學者，住華嚴院，重視宣講法藏的著作，撰述註疏，其門徒高辨後來成爲華嚴宗高山寺系一代大師。

〔四〕高辨，日本華嚴宗著名高僧，約生於公元一一七三年，終年六十歲。高辨少年時學過密教，後以華嚴院景雅爲師，學法藏的五教章等。高辨著作宏富，影響很大，在日本佛教史，尤其是華嚴宗史上居有重要的地位。

㊀日本華嚴宗分爲兩大系，一爲高山寺系，一爲東大寺系。